최소한의
주식투자

최소한의 주식투자

ETF부터 코스피·미국 주식까지
평생 재테크를 위한 돈이 되는 공부

홍순빈 지음

매일경제신문사

나는 한국과 글로벌 시장을 오가며 운용을 해왔다. 세계 최대 규모의 자산운용사 피델리티(Fidelity)에서 11년간 근무하면서, 피터 린치를 직접 만나 1시간 정도 이야기를 나눈 경험이 있다. 지금까지도 기억에 남는 조언은 "좋은 투자는 복잡한 기법이 아니라, 기본과 이해에서 시작된다"는 것이다. 결국 시장에서 오래 살아남는 사람은 '정보가 빠른 사람'이 아니라 '기본이 단단한 사람'이었다.

오늘날 개인 투자 환경은 과거보다 훨씬 복잡해졌다. 유튜브와 뉴스는 끊임없이 새로운 테마를 만들고 정보는 넘쳐나고, 그만큼 왜곡도 많은 속에 투자자들은 그 흐름을 쫓다가 방향을 잃기 쉽다. '무엇을 아느냐'보다 '어떻게 판단하느냐'에서 투자 성패가 결정됨을 경험이 많은 투자가들은 대부분 공감할 것이라 생각한다. 이 책은 바로 그 지점에서 출발한다. 무엇을 사야 하는가 아니라, 어떻게 판단해야 하는가를 묻는다. 기업을 바라보는 기본적 시각과 거시경제, 즉 시장 사이클에 대한 이해, 그리고 투자의 뼈대를 이루는 요소들을 균형 있게 담아냈다.

특히 인상적인 부분은 투자의 출발점을 '뉴스'가 아닌 '공시'에 두면서 투자를 '기술'이 아닌 '원칙'의 영역으로 풀어냈다는 것이다. 개인 투자자들이 가장 놓치고 있는 투자의 핵심이기도 하다. 재무제표, PER · PBR · ROE 같은 지표 해석을 넘어 금리와 사이클, 산업 흐름까지 연결한 구성은 현업 운용의 관점에서도 매우 설득력 있다. 또한 국내를 넘어 미국 주식, ETF를 통한 장기 투자와 포트폴리오 구성까지 투자의 전체 여정을 자연스럽게 이어준다.

이 책은 화려하지 않다. 그러나 그렇기 때문에 더욱 신뢰할 수 있다.

이 책은 그 주식투자에 있어서 알아야 할 최소한의 기본을 현실적인 언어로 매우 정직하게 다루고 있기 때문이다. 시장에서 오래 살아남고 싶은 투자자라면 반드시 읽어야 할 기본서라고 확신한다.

하나자산운용 대표이사, 김태우 사장

"공부를 하지 않고 주식투자를 하는 것은 마치 자신의 패를 보지도 않고 포커 게임을 하는 것과 다를 바 없다"는 격언이 있다. 길지 않은 주식투자 경력에도 불구하고 적지 않은 시행착오를 겪고 다시 기본으로 돌아온 증권부 기자가 말하는 생생하고 열정적인 메시지에 귀 기울여 보자. 그리하면 어느덧 당신은 투자에 성공하기 위한 최소한의 조건을 충족하게 될 것이다.

라이프자산운용 이사회, 이채원 의장

우리가 보통 검증된 누군가에게 주식을 배운다고 하면, 기본적으로 저조차도 이 정도는 당연히 알고 있을 것이라는 생각으로 알려줍니다. 그래서 보통 누군가가 저에게 아주 기본적인 것을 물을 때, 그거 유튜브나 네이버 블로그에 있을 테니 찾아보라고 합니다. 그때 생각한 것이 있다면, '아, 정말 주식 초보자들을 위한 기본적인 것이 제대로 정리되어 있으면 좋겠다'고 많이 생각했는데, 이 책이 딱 그런 책인 것입니다. 이제 주식을 시작하는 사람들을 위해 최소한으로 알아야 할 것을 잘 정리한 책입니다. 책 출간 축하드립니다.

《대형주 추세추종 투자법칙》 저자, 트레이더 전황(이종호)

하락장에서 시작한 투자

2021년 9월. 신문사 사회부에서 수습기간을 끝내고 증권부에 입성했다. 대학시절 어문학을 전공했기에 주식의 '주'자도 몰랐다. 심지어 매수, 매도의 뜻도 모를 정도로 그야말로 백지 상태였다. 모 선배의 "주식 하나 정도는 사봐야 증권 기사를 쓸 수 있다"는 말에 무작정 증권사 거래 애플리케이션을 깔았다.

당시 예·적금에 돈이 묶여 있었을 때라 수중에 현금이 많지 않았다. 그래도 선배의 말에 소량의 현금으로 LG이노텍 주식을 사봤다. 매수 이유는 너무 단순했다. 매일 아침 증권사에서 발간하는 리포트를 보고 요약한 기사를 쓰는 게 루틴이었는데, 그때 처음 본 증권사 리포트가 LG이노텍이었기 때문이다. 주가 그래프를 보니 직전까지의 상승률이 엄청났기에 혹하기도 했다. 애플에 들어가는 카메라 모듈과 전장 부품을 제조하는 곳이니 '애플에 IT부품을 공급하는데 좋은 곳 아닌가'라는 안일한 생각은 덤이었다.

LG이노텍 주식을 매수하고 2주 정도는 10~15%의 수익이 나 기분이 좋았다. 이상한 자신감과 행복감에 우리금융지주 주식을 샀다. 무려 7%씩이나 배당을 주는 곳이란 단순한 이유에서다. 상승할 것만 같았던 이들 주가는 어느 순간 주춤하더니 그 이후부터 갑자기 파란불이 켜지기 시작했다. 수익권에서 손실로 바뀌더니 그 하락폭은 더 커졌다. 월급이 들어올 때마다 일정 현금으로 매수하자는 마음을 갖고 있었지만 몇 개월간 죽음의 물타기만 계속 반복하게 된 것이다.

LG이노텍 주가 그래프. 2021년 말 30만 원 중반대 LG이노텍 주식을 샀지만 얼미 지나지 않아 기업 실적 악화와 금리 인상 여파로 주가는 하락하게 된다.

계단식 하락장에서 깨달은 것

이런 일이 왜 일어났을까? 주식 초짜라면 '초심자의 행운'으로 얼마의 수익을 얻는 경우가 대부분이라고 하지만 필자는 전혀 그러지 못했다. 오히려 죽음의 물타기로 괴로운 시간을 감내해야만 했다. 지금 생각해보니 여러 이유가 있었다. 일단 주식에 대한 이해가 부족했다. 주식의 개념이 정확히 어떤 건지 파악이 안 된 상태에서 이름만 들어본, 그리고 증권사 리포트를 한두 번 들춰본 정도의 지식으로 덜컥 주식을 샀다는 것이다.

LG이노텍이 정확히 어떤 제품을 제조하며 고객사인 애플의 현재 상황은 어떤지, 그리고 증권사들의 실적 추정치가 어떻게 추산됐는지 등을 모두 파악해보지 못했다. 금리의 개념도 정확하게 이해하지 못한 채 은행주인 우리금융지주를 샀던 것도 어리석은 선택이었다. 더군다나 2021년 말부터는 금리가 상승하기 시작했던 터라 대부분 금융자산들에 대한 투자심리가 크게 위축되는 구간이었다.

저금리에서 고금리로 바뀌는 구간에서는 현금을 확보하고자 하는 수요가 늘어나기에 주식과 같은 위험자산에 대한 매도물량이 대규모로 나온다. 실제로 코스피 지수를 보면 미국의 테이퍼링, 즉 양적완화의 점진적 축소 얘기가 나오기 시작한 2021년 중반부터 상승세가 주춤하기 시작하더니 본격적인 금리 인상이 시작된 후 지수가 하락한다. 애플, 메타, 넷플릭스 등 글로벌 빅테크들이 모여 있는 미국 증시도 마찬가지로 하락했다.

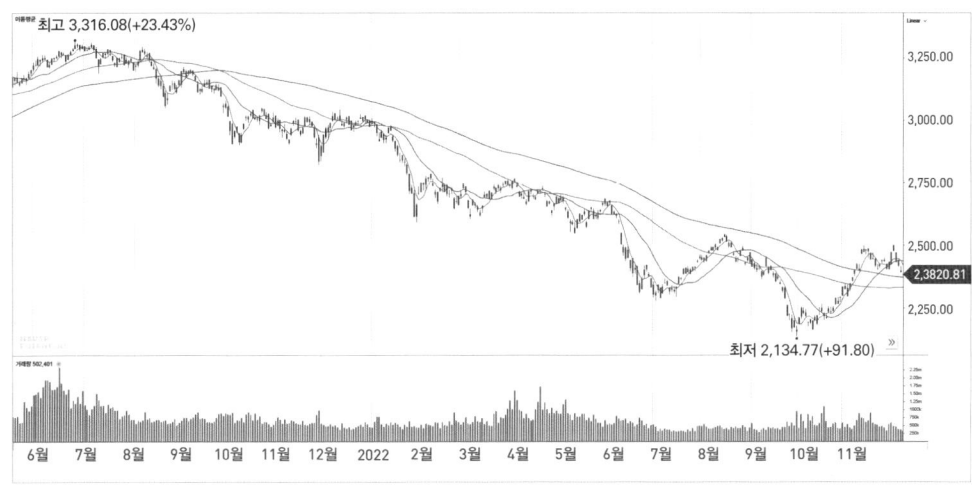

최고 3,316.08(+23.43%)

3,250.00

3,000.00

2,750.00

2,500.00

2,3820.81

2,250.00

최저 2,134.77(+91.80)

6월　7월　8월　9월　10월　11월　12월　2022　2월　3월　4월　5월　6월　7월　8월　9월　10월　11월

2021년 6월 최고점을 찍고 그 후부터 하락하기 시작하는 코스피 지수. 1년 넘게 계단식으로 하락하다 2022년 10월 패닉셀 장세가 나오며 2,130선까지 하락한다. 코스닥도 마찬가지 궤적을 그리며 하락하다가 이후 진정, 반등을 모색한다.

　　주식을 처음 시작했던 2021년 9월 코스피 지수는 3,000선 위에서 움직였다. 하지만 그 다음 해인 2022년 10월 코스피 지수는 2,130선까지 계단식으로 하락했다. 지수만 거의 30% 정도 하락한 셈이다. 미국 증시 주요 지수인 S&P(스탠다드앤드푸어스)500 지수도 비슷한 흐름을 보였다. 사상 최고치를 달리던 S&P500 지수는 4,800선에서 3,500선 밑으로 떨어졌다. 대부분의 전 세계 증시가 비슷하게 계단식으로 하락했다. 이 시기엔 오히려 아무것도 안 한, 즉 현금을 보유한 투자자들이 0%로 가장 높은 수익률을 기록할 정도라는 우스갯소리도 나왔다.

투자자는 경영자가 되는 것

이러한 하락장에서 주식을 처음 해보니 '제대로 공부해야겠다'는 생각이 들었다. 단순히 매매차익을 위해 주식에 돈을 넣는다고 접근하기엔 무리가 있었다. 초장부터 얻어맞으며 시작했기에 주식을 대할 때 무엇보다 신중함과 냉철한 분석이 필요했다. 특히 주식투자의 기본부터 정확하게 이해해야만 했다.

주식투자를 한다는 건 그 기업의 과거와 현재, 미래를 함께 한다는 것이다. 즉, 지금까지 이 기업이 어떤 히스토리를 갖고 있는지, 현재 어떤 사업을 영위하는지, 어떤 청사진을 그리고 있는지를 모두 이해하면서 투자해야 한다. 또 전 세계 주식시장이 어떻게 흘러가는지 파악할 수 있어야 하며, 예측 불가능한 사건이 발생했을 때 재빠르게 대처해야 한다. 직접 투자하는 기업에 탐방을 가거나 그 기업에 다니는 지인의 이야기를 참고하며 내가 투자한 기업의 사업이 잘 돌아가고 있는지도 확인해야 한다. 이 모든 것들을 제대로 해야만 주식투자의 결실을 맺을 수 있다.

나머지 공부를 매일 같이 해도 여전히 주식시장은 새로운 곳이다. 살아 숨쉬는 생물처럼 항상 새로운 기술과 논리를 창조해낸다. 이러한 주식투자의 원리와 시장의 모습을 알았다면 주린이의 실수를 범하지 않았을 것이란 생각이 든다.

이 책은 주식을 처음 접하는 투자자들이 필자와 같은 우를 범하지 않았으면 하는 바람에서 쓰게 됐다. 주식이란 무엇인지, 그리고 시장이란 무엇인지에 대한 아주 기본적인 개념부터 시작해 국내외 주식엔 어떤 것들이 있는지, 투자는 어떻게 해야 하는지를 짚어보는 내용으로 구성했다. 《최소한의 주식투자》란 책 제목처럼 A to Z를 모두 담았다고 보면 된다.

주식을 조금이라도 접해본 사람은 이 책을 읽으면서 '이것까지 알아야 돼?'라는 생각이 들 수도 있다. 하지만 반복 학습만큼 좋은 게 없고, 기초는 탄탄할수록 좋다. 이 책을 읽으며 기본적인 내용을 다시 정리하고 새로운 내용이 있다면 익혀보자. 모쪼록 이 책을 읽는 독자들이 주식투자에 재미를 붙이고 성투하길 바란다.

차례

Part 7 ETF로 장기 투자 시작하기

Part 8 나만의 투자 포트폴리오 만들기

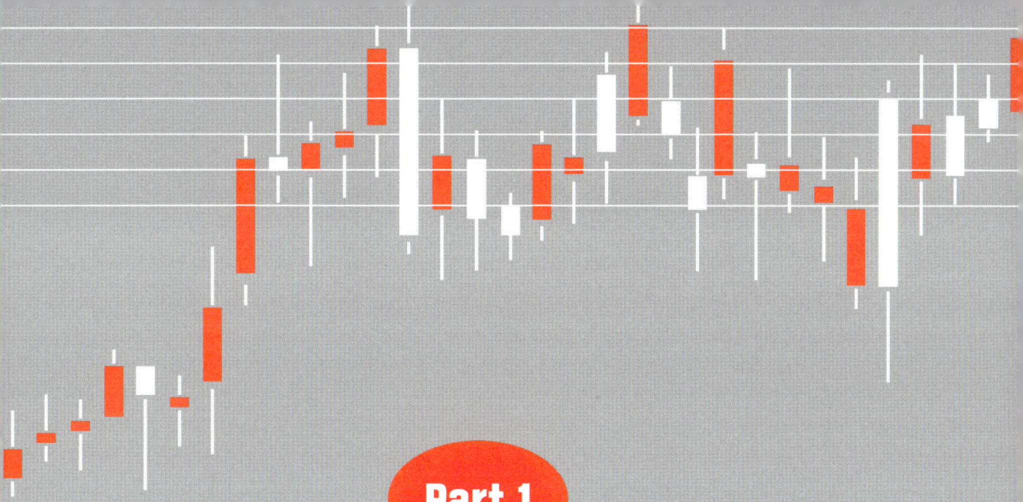

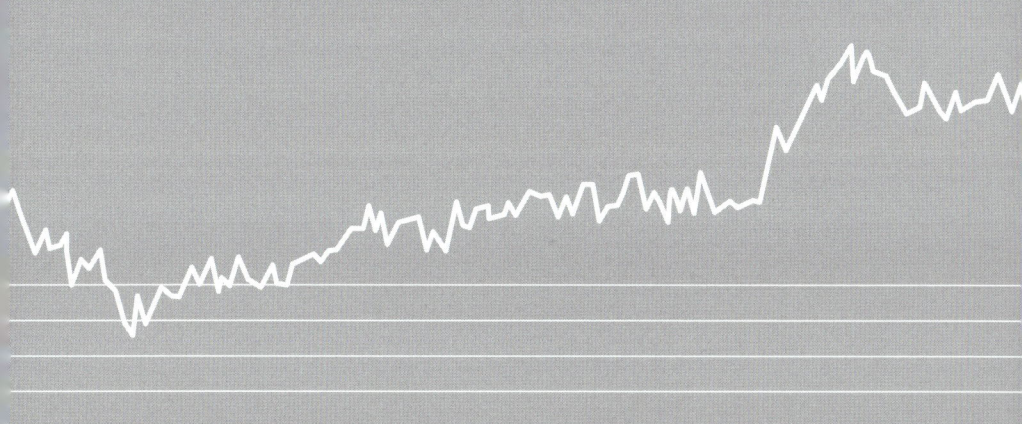

Part 1

주식이란
무엇일까?

주식,
대체 뭐길래 그래?

주식을 사는 건 좀 거창하지만 결국 그 기업의 투자자가 되는 것이자 경영에 참여한다는 걸 뜻한다. CEO처럼 모든 기업들의 세부 사항을 결정하거나 지시하진 못하지만, 회사의 주요 의사결정에 대해 의결권을 행사함으로써 영업활동에 참여하는 것이다.

주식은 기업의 소유권을 잘게 나눈 조각이다. 기업은 운영을 위해 자본이 필요하다. 이를 위해 주식을 발행하는데, 이 주식을 갖게 되는 사람을 바로 주주라고 한다. 신문이나 뉴스를 보면 주주총회에서 회사의 운영에 대해 공개적으로 의견을 표하는 사람들이 있다. 이런 사람들이 모두 그 회사의 주주다. 주식을 산다는 건 단순한 행위에 불과할지 모르지만, 그 기업의 역사와 미래를 함께하는 것이다.

주주가 된다는 것

주주가 되면 크게 2가지 권리가 생긴다. 하나는 기업으로부터 배당을 받을 권리, 또 하나는 주주총회에서 회사의 의사결정에 참여할 권리다. 주총장은 주주만이 들어갈 수 있고, 주주들은 주총에 상정된 기업의 주요 안건들에 대해 의결권을 행사해 회사 경영에 참여할 수 있다.

그래서 주식에 투자하면 그 기업의 영업활동에 대해 정확히 분석하고, 그 기업이 만들어내는 결과를 제대로 파악해야 한다고 말하는 것이다. 실제로 투자를 시작하게 된다면 경영자처럼 그 기업에 대한 이슈와 사업보고서 등을 차근차근 뜯어보고, 관련 뉴스 기사가 나오면 스크랩을 하며 항상 부지런하게 움직여야 한다.

한 가지 더 기억해야 될 게 있다. 바로 기업과 그 이해당사자 간의 관계에서의 주주의 위치다. 결론부터 말하자면 주주는 기업의 과실(果實)이 가장 마지막으로 주어지는 사람이다. 기업이 영업활동을 해서 생기는 생산물은 가장 먼저 고객이 접하고, 나오는 이익으로는 그 회사에서 일하는 임직원에게 직접적인 보상을 하게 된다. 주주는 기업에 투자금, 즉 자본을 대준 사람이기에 기업이 어떠한 비용을 지불해야 할 의무를 마무리하고 남는 이익잉여금을 받는 가장 마지막 이해당사자라고 할 수 있다.

가끔 기업의 이익이 줄어 주주들이 배당을 못 받는 경우가 생긴다. 안타깝지만 이런 리스크까지 주주는 모두 떠안아야 한다. 그렇기 때문에 투자자들은 이 점을 꼭 명심하고 주식투자에 나서는 게 필요하다. 투자를 하기 전 이 기업이 정말로 이익을 많이 내고, 이를 정직하게 주주들에게 돌려줄 수 있는지 꼼꼼히 따져봐야 한다.

배당은 무엇인가?

앞서 주주가 되면 배당받을 권리가 생긴다고 했는데, 그렇다면 배당은 정확히 무엇을 말할까? 배당은 기업이 영업활동으로 벌어들인 이익을 주주들에게 나눠주는 과실이라고 보면 된다. 기업이 A물건을 팔아서 100만 원의 이익을 남겼다고 가정해보자. 기업은 이 100만 원을 추가 공장 설비투자에 쓸 수 있고, 지금까지 자신들을 믿고 투자한 주주들에게 보상으로 나눠줄 수 있다. 여기서 주주들에게 돌아가는 보상이 바로 배당이다.

배당은 현금으로 주는 현금배당, 새로운 주식(신주)을 주는 주식배당으로 나뉜다. 아주 드물지만 현금이나 주식 외 부동산, 유가증권 등의 자산으로 지급하는 현물배당도 정관에 있으면 가능하다. 다만 기업이 꼭 배당을 지급할 의무는 없다. 벌어들인 이익을 미래 성장을 위해 전부 투자하겠다고 하면 주주들에게 배당을 하지 않을 수도 있다.

배당은 보통 지급 시기별로 결산, 중간, 분기배당 등의 형태로 나뉜다. 결산배당은 1년에 한 번 실시하는 배당을 뜻한다. 중간배당은 사업연도 중간에 이사회 결의로 실시할 수 있는 배당으로, 1년에 2번 실시한다. 주주환원과 배당의 예측 가능성을 높이기 위해 3개월씩 매 분기마다 지급하는 분기배당도 실시된다.

뒤에 자세하게 설명하겠지만 투자하는 기업들의 배당성향을 잘 살펴보는 게 중요하다. 배당성향이란 당기순이익 중 현금 배당금을 얼마나 지급하는지에 대한 비율로, 벌어들인 이익 중 얼마만큼을 주주에게 돌려주는지를 나타낸다. 즉, 배당성향이 높다는 건 그만큼 주주에게 돌아가는 이익의 규모가 크다는 걸 의미한다.

보통 배당금 규모, 지급형태, 기준일 등은 이사회나 주주총회에서 결정된다. 과거엔 배당 기준일이 먼저 확정됐지만 현재는 배당액이 결정된 이후에 기준일이 결정되도록 절차가 개선됐다. 참고로 배당 기준일이 지난 뒤 주식을 매수하게 되면 배당을 받을 권리가 사라지게 된다. 이 현상을 배당락이라고 한다. 보통 배당락이 발생하면 주가가 배당금만큼 하락하는데, 기업의 본질은 그대로이므로 대부분 조금 시간이 지나면 배당락 전으로 주가가 복귀한다.

보통주와 우선주의 차이

주식은 주주총회에서 회사의 의사결정에 참여할 권리, 즉 의결권을 갖는 것이라고 했다. 이 의결권은 보통주 투자자에게 부여된다. 한편 의결권이 제한된 주식도 있다. 이를 우선주라고 하는데, 보통주보다 더 높은 비율로 배당을 지급받을 권리가 부여된다. 회사가 청산됐을 때 남은 재산에 대해서도 이를 보통주 투자자보다 우선적으로 배분을 받을 권리가 있다.

국내 주식 우선주 예시

	종목명		
보통주	현대차	한화	삼성전자
우선주	현대차우 현대차2우B 현대차3우B	한화3우B	삼성전자우

유사한 흐름을 보이는 삼성전자와 삼성전자우 주가 그래프

　우선주의 경우 종목 이름 뒤에 '우'가 붙는다. 우리가 익히 아는 국민 반도체주 삼성전자의 경우 보통주인 삼성전자가 있고 우선주인 '삼성전자우'도 있다. 삼성전자와 삼성전자우의 주가 추이는 비슷하다. 하지만 자세하게 살펴보면 삼성전자보다 삼성전자우의 변동폭이 더 적다. 우선주의 경우 안정적인 배당을 우선으로 하기 때문에 이런 모습이 나타난다.

　이 밖에 신형우선주란 것도 있다. 신형우선주는 배당금을 미리 정해두고 고정적으로 지급받는 형태인데, 배당 측면에선 우선주보다 매력적이라고 할 수 있다. 신형우선주에는 '우B'가 붙는데, '현대차2우B'는 현대차에서 2번째로 발행한 신형우선주란 뜻이다.

증권거래소와
주가지수

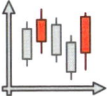

그렇다면 주식은 어디서 거래될까? 주식은 물물교환하는 것처럼 아무 데서나 면대면으로 사고파는 게 아니다. 주식은 정해진 증권시장에서 거래된다. 증권시장은 증권이 발행되고 유통되는 일련의 과정이 일어나는 곳이다. 주식시장은 크게 발행시장과 유통시장으로 나뉘는데, 투자자들이 주식을 거래하는 곳은 바로 유통시장이다.

한국의 대표 증권시장들

기업은 발행한 주식을 누구나 쉽게 매매할 수 있도록 증권거래

소에 상장시킨다. 상장된 주식은 우리가 익히 들어본 코스피, 코스
닥 등의 시장에서 거래된다. 국내 대표 주식시장에 대해 알아보도
록 하자.

코스피

코스피는 우리나라의 대표적인 종합주가지수이자 유가증권시
장 전체를 일컫는 말이다. 현재의 코스피 지수는 1980년 1월 4일
시가총액을 기준시점으로 산출된다. 시가총액이란 주식의 현재 가
격에 발행 주식의 수를 곱한 값으로, 쉽게 말해 전체 시장 혹은 기
업의 현재 평가가치인 셈이다. 기업들은 한국거래소의 심사를 받
아 코스피에 입성할 수 있다.

2025년 7월 31일 기준 코스피에 상장된 기업들은 총 848개다.
반도체, 철강, 화학, 운송, 에너지, 인터넷, 게임, 음식료 등 다양한
업종들이 코스피에 있다. 우리가 익히 알고 있는 삼성전자, SK하이

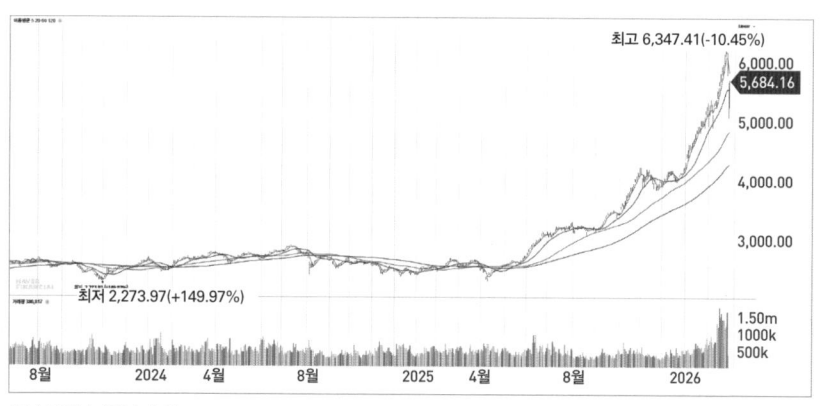

코스피지수 월봉 추이

출처: nPay 증권

닉스, LG에너지솔루션, 삼성바이오로직스, KB금융, 한화에어로스페이스, 현대차, HD현대중공업 등이 모두 코스피 상장사다.

코스닥

코스닥은 주로 중소·중견·벤처기업들이 모여 있는 시장이다. 한마디로 미래 한국을 이끌어갈 유망 기업들의 집합소다. 코스닥에 입성하려면 코스피와 마찬가지로 한국거래소의 심사를 받아야 한다. 한국거래소는 중소·중견·벤처기업들이 활발히 육성되고 증시에 입성하는 걸 돕기 위해 코스피에 비해서 진입 문턱을 상대적으로 낮췄다. 기업들의 미래 성장 잠재력과 기술력을 고려한 특례상장 트랙도 갖추고 있다.

과거 코스닥은 IT 하드웨어 업종들이 주를 이루고 있었지만 최근엔 소프트웨어, 바이오, 이차전지, 엔터 등의 고부가가치 업종들이 상장돼 있다. 대표적인 기업으로 에코프로, 레인보우로보틱스,

코스닥지수 월봉 추이

리가켐바이오, 에이비엘바이오, 로보티즈, HPSP, 리노공업, 클래시스, 파마리서치, 에스엠 등이 있다. 코스닥시장의 상장 기업 개수는 코스피시장보다 많지만 개별 기업들의 시가총액 규모는 코스피시장보다 작다.

코넥스

코넥스시장이란 곳도 있다. 코넥스는 초기 중소 및 벤처기업들의 성장지원과 모험자본의 선순환 체계를 구축하기 위해 만들어진 시장으로 코스피와 코스닥보다 규모가 훨씬 작다. 중소기업의 자금조달이 쉽지 않은 상황에서 성숙한 자본시장으로 발돋움하기 위해 2013년 한국거래소가 코넥스시장을 만들었다. 코넥스시장에서 기초 자금을 모으고, 유망한 기업임을 인정받은 경우 코스닥시장에 이전 상장하기도 한다.

중소기업에 특화된 만큼 벤처캐피탈과 엔젤 투자자의 시장 참여를 허용하고, 활발한 M&A(인수합병) 지원과 원활한 지분 매각을 위해 합병요건을 완화했다. 또 대량 매매 및 경매매 제도를 도입하고 있다. 다만 코스피, 코스닥에 비해 아직 시장 규모가 작아 거래량이 적고, 주가 변동폭이 크다는 특징이 있다.

한국 장외시장 K-OTC

장외 거래도 있다. 증권거래소에 상장되지 않은 주식을 거래할 때 투자자들은 주로 장외시장을 이용한다. 장외시장에서는 보통 비상장 기업 주식이 거래되는데, 한국의 대표적인 장외시장에는

K–OTC(Korea Over-The-Counter)가 있다.

K–OTC는 비상장 주식의 매매거래를 위해 한국금융투자협회가 개설하고 운영하는 장외시장이다. K–OTC에는 성장 가능성이 높은 기업들이 있지만 그만큼 변동성도 커 고위험, 고수익을 추구하는 전문 투자자들이 주로 참여한다. 이 시장은 규제가 최소화된 장외시장이므로, 이 점을 명심해서 기업의 사업 내용과 리스크 등을 철저하게 검토하고 투자해야 한다.

새로운 거래소, 넥스트레이드

그렇다면 한국거래소에서 개설한 시장에서만 주식을 거래할 수 있을까? 그건 아니다. 2025년 '제2의 거래소'라 불리는 넥스트레이드(NXT)가 새롭게 열렸다. NXT는 국내 최초 대체거래소 플랫폼으로, 투자자들은 한국거래소에 상장된 주식을 동일하게 거래할 수 있다. 삼성전자, SK하이닉스 등 시가총액 상위 종목들부터, 레인보우로보틱스, HPSP 등 코스닥 대장주들도 NXT에서 사고팔 수 있다. 이 대체거래소는 투자자의 거래 편의성을 높이고 거래소 간의 경쟁 구도를 만들어 자본시장의 역동성을 높이고자 만들어진 것인데, 이미 미국, 유럽, 일본 등에선 다양한 대체거래소들이 운영되고 있다.

NXT와 한국거래소는 다른 점이 많다. 가장 큰 차이는 주식시장 거래시간이다. NXT에선 오전 8시부터 오후 8시까지 총 12시간 동안 정규시장이 운영된다. 이 정규장은 3가지 마켓으로 나뉘는데, 각각 프리마켓, 메인마켓, 애프터마켓으로 구분된다.

프리마켓의 매매 시간은 오전 8시부터 8시 50분, 메인마켓은 오전 9시 30분부터 오후 3시 20분, 애프터마켓은 오후 3시 40분부터 8시까지 진행된다. 특히 메인마켓은 한국거래소의 시가 결정 직후인 오전 9시 0분 30초부터 시작하니 이 점을 꼭 참고해두길 바란다. 다음 파트에서 한국거래소 주식시장 매매 시간과 가격 결정 방법에 대해 더 자세히 다룰 것인데, 한국거래소의 원활한 시가, 종가 결정을 위해 3가지 마켓으로 나눈 것으로 보면 된다. 한국거래소가 시가, 종가 결정을 위해 단일가매매 호가를 접수하는 동안 NXT에선 취소호가를 제외한 나머지 호가를 접수받지 않는다.

NXT의 새로운 주문 시스템, 중간가와 스톱지정가

NXT는 투자자들의 편의성을 높이기 위해 한국거래소에 없는 새로운 주문 시스템도 갖추고 있다. 먼저 '중간가'는 현재 호가창에 나타나는 가장 낮은 매도 호가와 가장 높은 매수 호가의 가격의 딱 중간값으로 지정되는 주문 방식이다. 가장 낮은 매도 호가가 10만 500원이고, 가장 높은 매수호가가 10만 원이면 이 중간값인 10만 250원으로 매매 주문이 들어간다. 한국거래소에는 없는 유형의 호가 방식으로, NXT 메인마켓 시간대에만 중간가 주문이 가능하다.

'스톱지정가'도 있다. 투자자가 사전에 정한 가격이 일정한 조건에 해당하는 때에 거래에 참여하는 주문 방식이다. 현재 1주에 10만 원 하는 주식이 있는데 스톱지정가로 '주가가 11만 원이 되면

10만 5,000원에 20주를 매수하라'는 주문을 넣었다고 가정해보자. 그러면 주가가 11만 원을 찍는 순간 10만 5,000원에 20주를 매수하는 주문이 넣어진다.

이런 호가 시스템들은 NXT상에서의 주식 거래 효율성을 높이는 방안으로 평가받는다. 다만 NXT 거래를 진행하는 모든 증권사가 다 이 호가 시스템을 지원하는 건 아니니 거래 전에 증권사의 지원 여부나 방식은 꼭 확인해봐야 한다.

NXT의 거래 수수료

NXT의 거래 수수료는 한국거래소보다 싼 편이다. 단일가 거래의 경우 0.00158%의 수수료가 부과되는데, NXT의 수수료는 대체적으로 한국거래소보다 20~40% 낮은 수준이라는 걸 알 수 있다. 한국거래소의 수수료는 모든 매매에 대해 0.0023%를 부과한다. 반면 NXT의 경우 메이커(Maker)는 0.0013%, 테이커(Taker)는 0.0018%의 수수료를 부과한다.

참고로 보통 메이커는 시장에 새로운 주문을 올려 유동성을 만

한국거래소와 넥스트레이드의 비교

	한국거래소	넥스트레이드
정규 거래시간	오전 9시~오후 3시 30분	오전 8시~오후 8시
주문 방식	지정가, 시장가, 최우선 지정가 등	지정가, 시장가, 중간가, 스톱지정가 등
수수료	0.0023%	메이커 : 0.0013% 테이커 : 0.0018%

드는 투자자를 말하고, 테이커는 이미 올라와 있는 주문을 즉시 체결하여 유동성을 가져가는 투자자를 말한다. 메이커는 주로 지정가 주문을 사용하며, 현재 시장가보다 매수 가격을 낮게, 또는 매도 가격을 높게 제시하여 주문이 바로 체결되지 않고 호가창에 남아있게 한다. 반면 테이커는 주로 시장가 주문을 사용하거나, 현재 시장 가격과 동일하거나 유리한 지정가를 제시하여 주문이 즉시 체결되도록 한다.

어찌 보면 NXT에서 주식 거래를 하는 게 훨씬 더 이득인 것 같아 보인다. 하지만 현 국내 자본시장법 시행령에선 대체거래소의 거래량 점유율이 최근 6개월 평균 기준 15%를 넘을 수 없는, 이른바 '15%룰' 때문에 일부 종목들의 거래가 중지되곤 한다. 대체거래소에서 지나친 양의 거래가 발생하면 시장 왜곡이 일어날 수 있다는 우려 때문에 이러한 룰이 생겼다. NXT에서는 15%를 넘기 전에 선제적으로 코스피200, 코스닥150 종목을 제외하고 거래량이 많은 순서대로 주식 매매를 일시적으로 중단하기도 했다. 따라서 NXT에서 주식 거래를 하면 유리한 점도 많겠지만 15%룰이 있다는 걸 유념하는 것이 필요하다.

박스권에 갇혔다는 코스피, 진짜일까?

2008년 글로벌 금융위기 이후 전 세계 경기가 늪에 빠졌다. 대외 무역 의존도가 높은 한국도 마찬가지였다. 수출량이 점차 하락했고, 경기가 나아질 기미가 보이지 않았다. 증시도 마찬가지였다. 2011년 말부터 2017년까지 1,800~2,000선 사이에서 등락만 반복했다. 2018년부터는 반등을 시작했지만 투자자들은 수년간 지지부진한 모습에 실망감을 느꼈다. 그러면서 박스권에 갇힌 코스피, 줄여서 '박스피'라는 자조 섞인 별명을 붙이기도 했다.

국내 기업들에 실망감을 느낀 투자자들도 많았다. 불투명한 지배구조, 낮은 주주환원, 쪼개기 상장 등을 일삼았던 기업들의 문제가 곳곳에서 지적됐다. 승계와 상속 문제를 해결하기 위해 온갖 편법과 부정을 동원하는 경우도 많았고, 그 피해는 고스란히 주주들이 받게 됐다. 이러한 부정적인 단면을 보아버린 해외 투자자들이

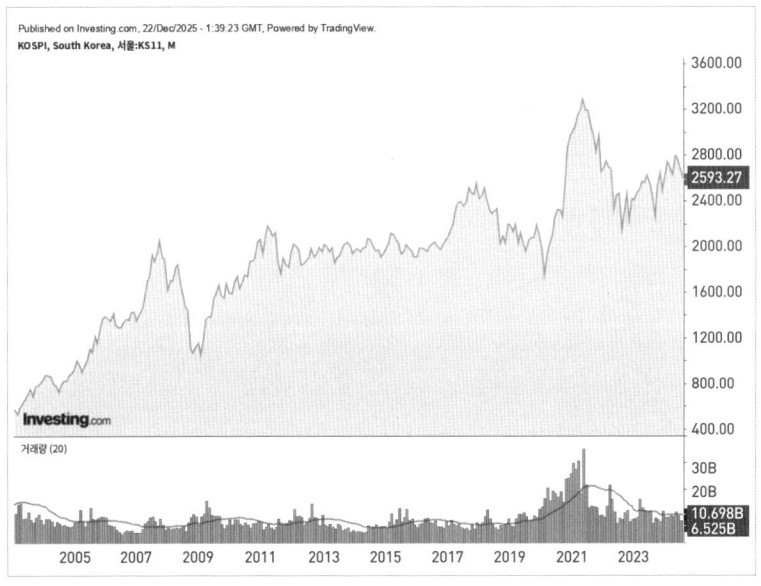

2000~2020년대 코스피 지수 추이　　　　　　　　　　　　　출처: 인베스팅닷컴

한국 시장을 외면하기 시작했고, 결국 '코리아 디스카운트'란 말까지 생겼다. 상장 기업의 기업가치가 다른 국가보다 낮게 평가를 받은 것이다.

코스피의 PBR을 다른 나라와 비교해보면 저평가 수준을 알 수 있다. 기업의 자산가치에 대한 시장의 평가를 나타내는 PBR(주가순자산비율)의 경우, 신흥국 증시의 PBR이 1.5~2배 수준이었지만 코스피는 0.8~1.2배 사이에서 움직였다. 선진국 증시의 PBR이 3배가 넘어가는 것과 비교하면 코스피는 현저하게 낮게 평가됐다는 걸 알 수 있다. PBR이 1배보다 낮다는 건 한국 기업들이 자산가치만큼의 평가를 못 받고 있었다는 뜻이다. 그만큼 한국의 시장은 코리아 디스카운트가 적용됐었다.

하락장의 여파도 있었지만, 국내 기업들의 중복상장에 따른 더블카운팅 문제, 소극적인 주주환원 등이 투자자에게 실망감을 안기며 코스피가 지지부진하게 되는 원인으로 작용했다. 양도세가 많이 나가더라도, 미국 증시에 투자하는 것이 낫다고 판단하고 투자 방향을 국내에서 해외로 바꾼 이들도 많다.

하지만 이제 국내 증시가 변화하고 있다. 시중 자금이 부동산으로 쏠린 기형적인 한국 상황과 고질적인 문제를 해소하기 위해 정부가 증시 부양책을 내놓고 있다. 상장 기업이 기업가치 제고 목표, 이행 계획, 성과 등을 공시하도록 유도하고 있고, 주주환원을 자발적으로 확대할 경우 다양한 세제 혜택을 제공하는 방안을 검토하고 있다. 그러면서 2026년 초 코스피는 모두의 염원이었던 5,000선을 넘어서는 기염을 토했다. 코스닥도 1,000선을 넘어서 상승 가도를 달리고 있다.

　정부와 유관기관 또한 국내 증시 상승과 코리아 디스카운트 해소를 위해 힘쓰고 있다. 특히 불법 공매도에 대한 처벌을 강화하고 투자자가 배당 금액을 미리 알고 투자할 수 있도록 배당 절차를 개선하는 중이다. 기업들은 대주주와 소액주주 사이의 이해관계를 일치시키면서 구조적인 문제를 해결하는 데 스스로 나서고 있다. 문어발식 중복 상장으로 덩치 키우기에만 집중했던 다른 기업들과 다르게 자회사를 100% 합병하면서 하나로 만든 메리츠금융지주가 대표적인 사례다.

메리츠금융지수 월봉 주가 추이　　　　　　　　　　　　　출처: nPay 증권

메리츠금융지주는 2022년 11월 상장 자회사였던 메리츠증권과 메리츠화재를 합병하기로 했다. 모회사가 자회사를 합병하면 대주주의 지배력이 줄어들게 되는데, 포괄적 주식교환 형태로 흡수합병하는 과정에서 조정호 메리츠금융지주 회장의 지분율이 75%대에서 47%대로 낮아졌다. 하지만 '대주주 1주와 소액주주 1주는 같다'는 원칙에 따라 '원 메리츠'로 전환하는 파격적인 결정을 내렸다. 지금도 주주 평등 원칙을 천명한 메리츠금융지주의 모습은 높이 평가받으며, 시장에서는 제2의 메리츠금융지주와 같은 사례가 나오길 기대하고 있다.

주식시장을 움직이는 건 누구인가?

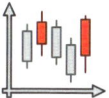

    주식시장은 여러 대내외적 환경에 민감하게 반응한다. 국제 무역분쟁이 터지거나 글로벌 금리가 상승하는 흐름이 이어지면 대체로 주식시장은 분위기가 안 좋아진다. 반대로 유망 산업이 각광을 받거나 글로벌 유동성이 확장되는 국면에선 주식시장이 호황을 띤다.

    이러한 거시적인 요인이 작용하는 한편 유동성 수급이 얼마나 잘 되는지도 주식시장 분위기에 큰 영향을 미친다. 국내 증시의 경우 수급 주체가 크게 3개로 나뉘는데, 바로 개인, 외국인, 기관이다. 개인은 말 그대로 개인 투자자들을 의미한다.

외국인, 기관 투자자의 정체는?

외국인은 국내 증시에 투자하는 글로벌 투자자들이며, 기관은 연기금, 공제회, 보험 등과 같은 국내 큰손 투자자들이다. 증시에 악영향을 줄 이슈나 불확실성이 생기면 외국인과 기관 투자자들은 대규모 물량을 쏟아내곤 한다. 이 매도 물량은 주가에 하방 압력으로 작용한다. 반대로 업황 혹은 기업 실적이 개선되는 모습이 보이면 외국인과 기관 투자자들은 주식을 대거 사들이고 이것이 주가 상승으로 연결된다.

외국인 투자자들은 달러를 가져와 원화로 바꿔 한국 주식에 투자하기 때문에 원/달러 환율의 움직임에 따라 매수 혹은 매도 포지션을 달리하는 경우가 많았다. 통상 원/달러 환율이 높은 상황에선 외국인 투자자들은 국내 주식을 팔아치웠다. 나중에 주식을 팔아 다시 달러로 바꿀 때 원화 가치가 하락해 환전 시 손에 쥐는 달러가 줄어들게 되기 때문이다.

예를 들어, 원/달러 환율이 1달러당 1,000원일 때 1달러만큼의 주식을 샀다고 가정해보자. 이후 환율이 1달러당 1,500원까지 올랐다면, 같은 주가 상태에서 매도 시 0.6666달러밖에 못 받게 돼 오히려 손해를 보게 된다. 이렇게 환율 변동에 따라 손해를 보는 걸 환차손(Exchange Loss)이라고 한다. 환차손이 예상될 때 외국인 투자자들은 한국 주식을 팔고 다른 국가의 주식을 사들이기도 한다.

반대로 원/달러 환율이 내려갈 때, 즉 원화 가치가 상승할 때 외국인 투자자들은 환차익을 얻기 위해 국내 주식을 사들인다. 주식

을 팔아 달러로 바꿀 때 더 많은 달러를 챙길 수 있으므로 주가 상
승에 따른 수익과 환차익(Exchange Profit)을 모두 얻게 될 수 있기 때
문이다.

수급은 주가를 움직이는 동력으로 작용한다. 하지만 투자자는
수급을 움직이게 만드는 근본적인 배경에 더 주목할 필요가 있다.
글로벌 경제의 흐름, 투자 대상 국가에 대한 신뢰도, 업황 호조, 기
업들의 실적 개선, 주주환원 노력 등의 기초여건이 뒷받침돼야 수
급적인 면이 주가 흐름에 반영될 수 있기 때문이다. 따라서 투자자
들의 수급을 파악하는 것은 현재 증시가 어떻게 흘러가는지, 그리
고 큰손 투자자들이 해당 국가 혹은 주식에 어떤 뷰를 갖고 있는지
간접적으로 파악하는 데 참고하면 좋다.

한국거래소 홈페이지에서는 투자자별 거래 실적을 찾아볼 수
있다. 금융투자, 보험, 투신, 사모, 은행 등은 기관 투자자로 분류

투자자구분	거래량			거래대금		
	매도	매수	순매수	매도	매수	순매수
금융투자	29,906,687	26,385,573	-3,521,114	285,251	268,073	-17,177
보험	522,272	540,803	18,530	13,916	12,663	-1,253
투신	1,192,063	1,272,696	80,633	37,061	37,679	618
사모	559,732	581,465	21,733	21,453	20,636	-817
은행	553,480	777,670	224,190	10,817	13,800	2,983
기타금융	62,346	82,278	19,931	1,575	2,527	953
연기금 등	1,928,964	2,056,377	127,413	107,422	113,594	6,173
기관합계	34,725,545	31,696,861	-3,028,683	477,494	468,973	-8,521
기타법인	4,933,520	5,079,018	145,499	20,718	28,595	7,877
개인	88,990,946	91,525,985	2,535,039	762,612	773,186	10,574
외국인	49,087,045	49,425,438	338,393	511,067	501,095	-9,972
기타외국인	304,943	314,695	9,752	2,525	2,568	43
전체	178,041,998	178,041,998	0	1,774,417	1,774,417	0

(2025.08.24 PM 08:33:42 / Close ✕ / 천주 ▼ / 십억원 ▼)

한국거래소 홈페이지에서 찾아볼 수 있는 2025년 1~6월 코스피 투자자별 거래 실적

출처: 한국거래소

되고 나머지는 외국인과 개인으로 분류된다. 한국거래소에서 2025년 1~6월 코스피 투자자별 거래 실적을 찾아보면 상반기 동안 개인 투자자가 10조 5,740억 원을 순매수했고, 기관 투자자와 외국인 투자자는 각각 8조 5,210억 원, 9조 9,720억 원을 순매도했음을 알 수 있다.

해외 주식으로 이민 떠나는 투자자들

외국인 투자자가 국내 증시에 투자하는 것과 마찬가지로, 많은 한국인 투자자가 해외 증시로 눈을 돌리기도 한다. 국가를 뛰어넘어 글로벌 시장에서 내로라하는 거대 기업에 마음 놓고 투자하기 위해서다. 미국, 중국, 대만, 홍콩, 일본, 독일, 프랑스, 브라질, 폴란드 등 다양한 국가들도 주식시장을 갖추고 있다. 그리고 그들만의 독자적인 종합지수 체계도 있다.

각국의 종합지수는 그 나라에 상장된 기업들의 가격 변동을 종합해 나타낸다. 종합지수를 보고 투자자들은 그 나라의 전반적인 경제 흐름을 알 수 있다. 대표적인 종합지수는 영국 FTSE100, 독일 DAX, 프랑스 CAC40, 인도 Nifty50, 스페인 IBEX35, 브라질 보베스파, 베트남 VN 등이다. 이들 지수들의 등락은 각 국가의 개장과 폐장 시간에 맞춰서 움직인다.

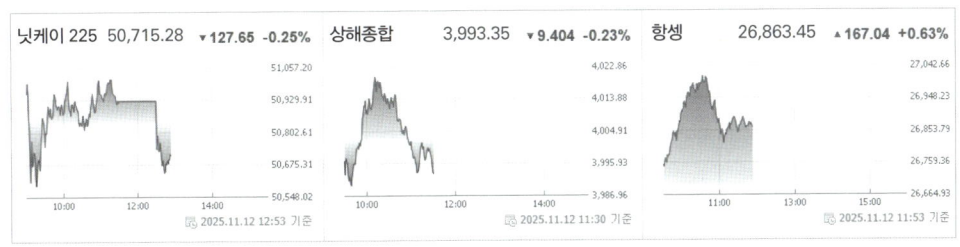

닛케이 225 50,715.28 ▼127.65 -0.25%　상해종합　3,993.35 ▼9.404 -0.23%　항생　26,863.45 ▲167.04 +0.63%

일본, 중국 증시의 주요 지수

중국 상해종합지수와 홍콩항셍지수

한국과 인접한 아시아 증시에 투자하는 해외 주식투자자도 많다. 대표적으로 중국 주식에 투자하는 중학개미들이 있다. 중국은 글로벌 GDP 2위의 경제대국으로 대표 지수는 상해종합지수, 홍콩항셍지수 등이 있다. 특히 항셍지수에는 중국의 유망 빅테크 기업인 텐센트, 알리바바, 차이나 모바일, 샤오미 등이 포진돼 있다.

일본 닛케이225

일본도 장기 불황을 겪었지만 기업들의 이익 개선과 주주친화 정책 덕분에 이제는 주요 글로벌 투자처로 손꼽히는 곳이 됐다. 중학개미와 마찬가지로 일본 증시에 투자하는 사람을 일학개미라고 부르기도 한다. 일본의 대표 지수는 닛케이225다. 닛케이225는 일본의 대표 경제신문사인 니혼게이자이 신문이 산출해 발표하며, 도쿄 증권거래소의 프라임 시장에 상장된 대표 종목 225개로 구성된다. 닛케이225 지수에는 도요타, 미쓰비시, 소니, 소프트뱅크, 히타치, 닌텐도, 스미토모 등이 편입돼 있다.

미국의 주요 주가지수는 어떤 것이 있을까?

미국 증시에서 오랜 기간 주목을 받았던 기업은 대부분 주가가 우상향하는 궤적을 나타냈다. 10년, 20년으로 시계열을 확대해봐도 잠깐의 출렁임이 있을 뿐 우상향을 지속하고 있는데, 이는 미국 증시에 상장된 기업들이 고성장하고 있을 뿐 아니라 주주환원을 제대로 하는 자본주의의 진면모를 꾸준히 보여줬기 때문이다.

미국 증시 투자자들은 성숙된 산업을 바탕으로 성장하는 전통적인 우량 기업을 신뢰하며 투자를 이어가고 있다. 미국 증시는 글로벌 경기와 신기술 트렌드를 이끄는 기업이 몰려 있는 곳이기에 투자하는 사람들이 앞으로 점점 더 늘어날 것으로 예상된다.

글로벌 경제강국으로 불리는 미국은 다우존스, S&P500, 나스닥, 러셀2000 등의 지수를 갖고 있다. 국내 투자자들이 많이 보는 미국 증시 주요 지수를 조금 더 자세하게 살펴보자.

다우존스

다우존스는 역사상 가장 오래된 미국의 주가지수다. 다우존스는 미국을 대표하는 30개 기업으로 구성돼 있다. 전통 기업인 아메리칸 익스프레스, 캐터필러, 비자, 월마트, 골드만삭스를 포함해 빅테크인 엔비디아, 마이크로소프트, 애플 등도 있다. 이 지수는 투자자들이 미국의 경제 전반을 진단할 때 주로 활용된다.

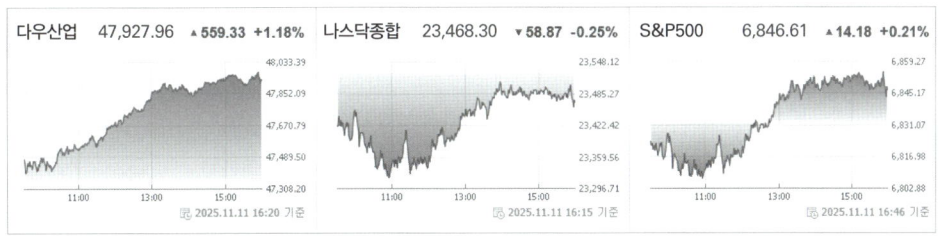

미국 증시 대표 지수인 다우산업, 나스닥종합, S&P500

S&P500

S&P500은 국제 신용평가기관인 스탠다드앤드푸어스(S&P)가 만든 지수다. 미국의 대형주 500개로 구성이 되는데, 앞서 살펴본 다우존스 지수보다 훨씬 더 다양한 기업들이 포진돼 있다. 시가총액 가중지수를 사용하기에 각 기업의 규모를 더 잘 반영하고 있다고 볼 수 있다.

나스닥종합지수

나스닥은 미국 증시에 상장된 IT, 기술기업들이 모여 있는 곳이다. 투자자들이 익히 들어봤을 만한 테슬라, 브로드컴, 넷플릭스, 팔란티어 테크놀로지스, ASML홀딩스 등이 편입돼 있다. 또한 펩시코, 부킹 홀딩스, 아스트라제네카, 마이크론 테크놀로지, 램 리서치 등의 기업들도 있다. 나스닥종합지수는 다우존스나 S&P500보다 대내외적인 환경 변화에 더 민감하게 반응한다는 특징이 있다.

러셀2000

　미국의 중소형주를 대표하는 지수도 있다. 바로 러셀2000이다. 러셀2000은 미국 상장사 중 시가총액 1,001위부터 3,000위까지의 기업을 모아놓은 종합지수다. 헬스케어 편입 비중이 가장 높고 금융, 산업재 등 다양한 기업들이 모여 있다. 시가총액이 작은 기업들이 몰려 있기에 거래량에 민감하게 반응하고 변동성 또한 높은 편이다. 하지만 미국 본토를 대상으로 사업을 전개하는 기업이 많이 있다 보니 러셀2000의 상승을 미국 실물경제의 회복으로 보기도 한다.

Part 2

주식 거래,
어떻게 하면 돼?

주식시장의 하루

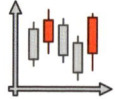

주식의 기본 개념을 살펴봤으니 이제 주식시장의 하루가 어떻게 흘러가는지 알아보자. 주식은 하루 24시간 중 내가 원하는 아무 때나 사고팔 수 있는 게 아니다. 주식 가격도 아무렇게 정해지지 않는다. 투자자들은 일정하게 정해진 날짜와 정해진 시간 동안, 합의된 가격으로 시장에서 주식을 매매할 수 있다.

통상적으로 주식시장은 월요일부터 금요일까지 열린다. 토요일, 일요일, 공휴일 등은 장이 열리지 않는 휴장일이다. 또한 매해 마지막 날인 12월 31일에도 장이 열리지 않는다. 투자자는 주식시장이 열린 시간 동안 거래하게 되는데, 주식이 안정적이고 공정하게 거래될 수 있도록 매매 시스템이 체계적으로 갖추어져 있다. 뒤에서 자세히 설명하겠지만, 한국거래소(KRX)에서 관장하는 주식시장의 정규장은 오전 9시부터 오후 3시 30분까지 총 6시간 30분 동안 운영된다.

주식 가격은 언제 결정될까?

투자자들은 주식을 매매하기 위해서 일정한 가격을 제시하는데, 이때 부르는 가격을 '호가(呼價)'라고 한다. 호가를 통해서 시가(始價, Opening Price)와 종가(終價, Closing Price)를 정한다. 시가는 그날의 주식 정규 거래 시간이 시작될 때 결정되는 가격이고, 종가는 마감될 때 최종적으로 결정되는 가격이다.

동시호가

주식시장에서 제일 중요한 가격인 시가와 종가를 결정하는 독특한 방법이 있다. 바로 '같은 시간에 주문을 부른다'는 뜻의 '동시호가(同時呼價)'다. 동시호가란 일정 시간 동안 접수된 모든 매수와 매도 주문을 '동시에 접수된 것'으로 간주해서, 가격과 수량의 원칙에 따라 단일한 거래 가격으로 일괄 체결하는 방식을 말한다.

투자자들은 개장 전인 오전 8시 30분부터 9시까지 동시호가를 접수한다. 주식거래를 위해 투자자들의 가격 제안서를 모아놓는 것인데, 호가 접수 기간 때는 실제 거래가 발생하지 않는다. 거래소는 이 주문서들을 모두 모아뒀다가 가장 많은 물량이 거래될 수 있는 가격(시가)을 만든다. 9시부터는 동시에 매수·매도가 체결되기 시작한다. 이후 장 마감 전까지 투자자들은 주식을 자유롭게 사고 팔 수 있다.

장중 거래가 활발히 진행되다가 오후 3시 30분이 가까워지면 정규장은 슬슬 마감할 준비를 한다. 정규장이 끝나기 10분 전인 오후 3시 20분부터 투자자들로부터 다시 동시호가를 모으기 시작한다. 이 10분간은 실시간으로 주식 거래가 되지 않는다. 단지 호가창에 마지막 거래 가격, 즉 종가가 얼마로 결정될지에 대한 가격이 표시될 뿐이다. 그리고 3시 30분에 그날 매수, 매도 물량이 가장 많이 거래될 수 있는 최적의 가격이 결정되면서 모든 주문이 동일한 종가로 한꺼번에 처리가 된다.

동시호가 제도는 정규장 마감 직전에 대량의 주문이 쏠리며 종가가 왜곡되는 현상을 방지하는 역할을 한다. 주식거래의 공정성과 안정성을 확보하기 위해 만들어진 제도이니, 오후 3시 24분에 주문을 넣었는데 주식 거래 체결이 안 된다고 당황하면 안 될 것이다.

장전 단일가매매

정규장 외 다른 시간에도 추가 거래가 가능할까? 물론 가능하다. 정규장이 열리기 전인 오전 8시 30분부터 8시 40분까지 '장전 단일가매매'가 진행된다. 장전 단일가매매는 딱 10분간 진행되며, 전 거래일 종가로만 거래가 이뤄진다. 정규장 시작할 때의 거래와 차이가 있다면, 주문서들을 다 모아서 시가에 한 번에 거래가 체결되는 게 아니라 정해진 가격인 전날 종가에 먼저 주문을 낸 사람의 거래가 우선적으로 체결된다는 것이다.

전날 장 마감 후 예기치 못한 호재 혹은 악재가 나왔을 경우, 투자자들이 정규장 전 미리 이에 대응하기 위해 장전 단일가매매를 이용한다. 장전 단일가매매는 앞서 설명한 동시호가 접수 시간대와 겹쳐서 혼동될 수 있다. 호가 접수 시작 시간도 8시 30분, 장전 단일가매매의 시작 시간도 8시 30분이기 때문이다.

차이점을 다시 정리하자면 장전 동시호가는 가격과 관계없이 주문을 접수하고 오전 9시 정규장이 시작하면 그날 시가로 모든 거래가 일괄적으로 진행되지만, 장전 단일가매매는 전 거래일 종가 기준으로 실시간으로 거래가 체결된다. 투자자들은 이를 잘 염두에 뒀다가 주식 거래 시 주문 유형을 잘 선택해 거래를 진행해야 한다.

장 종료 후 애매

한국거래소 정규장이 끝난 후에도 주식을 사고 팔 수 있다. 정규장이 끝난 직후 그날 결정된 종가로만 거래가 가능하다. 주문 접수는 오후 3시 30분부터 가능하며, 거래는 오후 3시 40분부터 4시까지 20분간 진행된다. 가격 변동은 없고 수량만 입력해 선착순으로 접수된 거래만이 체결된다.

국내 주식시장 거래 시간

		매매 거래 시간	호가 접수 시간
정규시장		오전 9시 ~ 오후 3시 30분	오전 8시 30분 ~ 오후 3시 30분
장외시장	장 개시 전	오전 8시 ~ 9시	오전 8시 ~ 9시
	장 종료 후	오후 3시 40분 ~ 6시	오후 3시 30분 ~ 6시

이후 오후 4시부터 6시까지 시간외 단일가매매가 진행된다. 장 종료 후 발생하는 공시 혹은 뉴스에 대응할 수 있도록 만들어진 제도인데, 10분 단위로 주문을 모아 한꺼번에 거래가 체결된다. 이때 가격은 당일 종가 대비 ±10% 이내에서 결정된다. 다만 변동폭은 당일 상하한가 범위(±30%)를 벗어날 수 없다. 정규장에서 이미 주식이 25% 상승했다면, 시간외 단일가에서는 남은 상한가 폭인 +5%까지만 오를 수 있다. 시간외 단일가매매는 실시간 체결이 아니라 10분 동안 주문을 모으는 방식이기에 시간별 수급 상황에 따라 가격이 변동된다.

시간외 대량매매 방식도 있다. 주식을 대량으로 보유한 최대주주 혹은 주요 기관, 외국인 투자자들이 진행하는 거래인데, 실시간으로 변하는 시장 가격에 영향을 주지 않기 위해 정규장 종료 후 별도로 진행된다. 블록딜(Block Deal)이라고 하는 이 거래는 보통 장 종료 후인 오후 3시 40분~6시 혹은 장 시작 전인 오전 8~9시 사이에 체결되는데, 매도자는 큰손 투자자들을 대상으로 먼저 수요 예측을 진행한다.

대규모 물량을 인수하는 매수자에게 인센티브를 주기 위해 대체로 당일 종가보다 낮게 주식가격을 책정한다. 블록딜 소식이 전해지면 주가는 장 초반 하락하는 경우가 많다. 개인 투자자 보호를 위해 2024년 7월부터 대주주나 상장사 임원이 발행주식 총수의 1% 이상의 주식을 블록딜로 처분할 경우 거래 예정일로부터 최소 30일 전까지 그 계획을 미리 공시하도록 제도가 정해졌다.

호가의 종류

호가의 종류는 다양하다. 지정가, 시장가, 조건부지정가 등이 있다. 조건부지정가의 경우, 정규장에는 지정가로 대기하다가 장 마감 동시호가 시간이 되면 시장가로 바뀌는 주문을 뜻한다. 최유리 지정가, 최우선 지정가 등의 주문 방식들이 있지만 보통 투자자들이 처음 주식을 살 때는 지정가, 시장가 등의 호가를 활용하는 경우가 많다. 다양한 호가 방식을 익힌 다음 주식 매매에 써먹어보도록 하자.

지정가

지정가는 말 그대로 투자자가 매수 혹은 매도하고 싶은 가격과 수량을 직접 정하는 방식이다. 삼성전자 주식 1주를 6만 원이라는 지정가에 매수 주문을 넣었다면, 이는 매수 희망자가 삼성전자 주식을 6만 원보다 비싸게는 사지 않겠다는 뜻을 내포하고 있다. 즉, 매도자가 6만 원 이하의 가격으로 팔겠다고 내놓은 물량이 있을 때 비로소 주문이 체결된다. 반대로 매도할 때는 매도 희망자가 제시한 매도 가격 이상일 때에만 주문이 체결된다.

시장가

시장가는 수량을 지정하되 가격은 정하지 않는 것으로, 주문을 넣는 현 시점에서 형성된 가격으로 즉시 매매가 체결되는 방식을 일컫는다. 시장가를 활용하면 주식 거래가 빠르게 이뤄진다는 장점이 있지만 상대방 주문이 충분치 않은 상태에선 현재가와 괴리가 발생할 수 있다는 단점도 발생한다.

최유리 지정가

최유리 지정가는 주문을 낼 때 나에게 가장 유리한 상대방의 호가로 가격이 정해지는 방식이다. 즉, 주식을 매수할 때는 매도자들의 호가 중 가장 낮은 가격으로, 매도할 때는 매수자들의 호가 중 가장 높은 가격으로 주문이 들어간다. 이렇게 하면 상대방 호가에 바로 주문을 넣을 수 있기 때문에 잔량이 있다면 시장가처럼 거래가 즉시 체결될 가능성이 높다.

최우선 지정가

최우선 지정가는 나와 같은 방향의 호가 중 가장 앞선 가격으로 호가가 정해지는 방식이다. 매수 주문을 넣는다면 나와 같은 매수 대기자들 중 가장 높은 가격으로 주문이 들어간다. 호가창 최상단에 내 주문이 위치하게 돼 가장 빠르게 거래가 체결될 수 있지만, 주가가 갑자기 반대로 움직이면 체결되지 않을 수도 있다.

주식시장이 과열 혹은 급락한다면?

국내 주식시장에서는 대내외적 요인으로 주가지수가 일정 수준 이상 떨어지면 증권시장 전체 매매거래를 일시적으로 중단시키는 제도가 있다. 주가가 급락하면 투자자들이 이성적 판단보다 감정적인 투매를 하는 경향이 커져 대량으로 물량이 시장에 쏟아질 가능성이 있다. 대량 투매가 시장 실패로 이어지지 않게 하기 위해 한국거래소는 이 장치들을 마련한 것이다.

서킷브레이커

서킷브레이커의 발동 요건은 크게 3단계로 나뉜다. 1단계는 지수가 전일 대비 8% 이상 하락세가 1분간 지속될 경우 발동된다. 2단계는 지수가 전일 대비 15% 이상 하락하고, 1단계가 발동됐을 때보다 지수가 1% 이상 추가 하락한 경우 발동된다. 1, 2단계 서킷브레이커가 발동되면 채권을 제외한 증권시장의 모든 매매거래가 20분간 중단된다. 3단계는 지수가 20% 이상 하락하고, 2단계가 발동됐을 때보다 지수가 1% 이상 추가 하락한 경우 발동된다. 3단계가 발동되면 그 즉시 장이 종료된다. 2026년 3월 초 기준 코스피시장에서 7번, 코스닥시장에서 11번의 서킷브레이커가 발동됐다.

사이드카

파생상품시장에서 선물가격이 급등락할 경우 주식시장에 미치는 충격을 완화하기 위해 주식시장 프로그램 매매호가의 효력을 일시적으로 정지시키는 제도다. 코스피에서는 코스피200 선물 가격이 기준가 대비 5% 상승 혹은 하락해 1분간 지속될 때, 코스닥시장에서는 코스닥150 선물 가격이 기준가격 대비 6% 이상 상승 또는 하락하고, 코스닥150 가격이 3% 이상 상승 또는 하락해 1분

간 지속되는 경우에 발동된다. 1일 1회에 한해 발동되고, 프로그램
매매호가의 효력정지 시점부터 5분이 경과하면 해제된다.

주식계좌,
하나쯤은 있어야지!

　국내 주식시장의 하루가 어떻게 돌아가는지에 대해서 자세히 알아봤으니 본격적으로 주식 거래를 한번 해보도록 하자. 먼저 필요한 건 무엇일까? 다름 아닌 주식계좌다. 일반 예·적금계좌와 다르게 주식 거래를 할 때엔 전용계좌가 필요하다.

주식계좌의 종류

　주식계좌는 크게 3가지로 나뉘는데, 일반 증권계좌, 종합자산관리계좌(CMA), 개인종합자산관리계좌(ISA) 등이다. 먼저 일반 증권계좌는 국내외 주식, 채권, 파생상품, ETF 등 다양한 금융상품을 거래할 수 있는 계좌를 말한다.

종합자산관리계좌 CMA

CMA는 파킹통장과 유사하다고 보면 된다. 투자자들은 증권사, 종합금융회사에서 개설한 CMA에 예탁금을 넣는다. 그러면 회사들이 국공채, 우량 회사채 등 단기 수익성 상품에 투자해 수익을 낸다. 수시 입출금도 가능하고 하루만 CMA에 예탁금을 예치해도 이자가 붙기에 파킹통장 대신 쓰는 사람도 많다.

개인종합자산관리계좌 ISA

ISA는 예금, 적금, 펀드, 주식, 채권 등을 모두 운용할 수 있는 만능계좌라고 보면 편하다. 모든 자산을 쉽게 관리할 수 있고, 거기에 각종 세제 혜택까지 받을 수 있는 장점이 있다. 때문에 중장기 자금을 굴리는 걸 선호하는 투자자나 금융상품 투자를 처음 시

각종 주식계좌의 비교

	일반 증권계좌	CMA	ISA
주요 기능	주식, 펀드 등 직접 투자 및 매매	수시 입출금, 자동 투자 가능	금융상품 투자 및 세제 혜택
투자 가능 상품	주식, 펀드, 채권, ETF 등	RP, 발행어음, MMF 등	펀드, ETF, 리츠, 신탁형 예적금 등
납입 한도	없음	없음	연간 2,000만 원, 총 1억 원
세제 혜택	일반 과세	일반 과세	비과세 혜택, 초과분에 한해 9.9% 저율 분리과세

작하는 사회초년생이 쓰기에 좋은 계좌로 평가받는다.

다만 1인당 1개 계좌만 개설할 수 있으며 납입 한도, 의무 가입 기간 등의 제약이 있다. 또한 파생상품을 포함한 고위험 금융상품의 투자는 제한된다. ISA 관련 내용은 뒷부분에서 다시 한번 자세하게 다룰 예정이니 여기선 일반 증권계좌와 CMA 등과의 차이만 짚고 넘어가보도록 하겠다.

주식계좌 직접 개설해보기

이제 주식계좌를 직접 개설해보자. 일반 증권계좌부터 만들어보려 한다. 예시로 NH투자증권에서 계좌를 개설해볼 테니 함께 따라해보자. 대략적인 절차는 동일하므로, 계좌 개설을 원하는 증권사의 오프라인 지점에 방문하거나 온라인으로 진행하면 된다. 요새는 온라인이 더 편한 시대라 집에서 증권사 홈페이지 혹은 모바일 트레이딩 시스템, 즉 MTS 애플리케이션을 다운받아서 시작하는 것을 추천한다.

1. 먼저 스마트폰 모바일 애플리케이션 마켓 혹은 스토어에 접속한다. 검색창에서 '나무증권-NH투자증권 MTS' 애플리케이션을 찾아 다운을 받아보자.
2. 애플리케이션에 접속해 첫 화면에서 '계좌개설 시작하기'를 누르면 계좌 개설이 시작된다. 일반 애플리케이션 회원가입

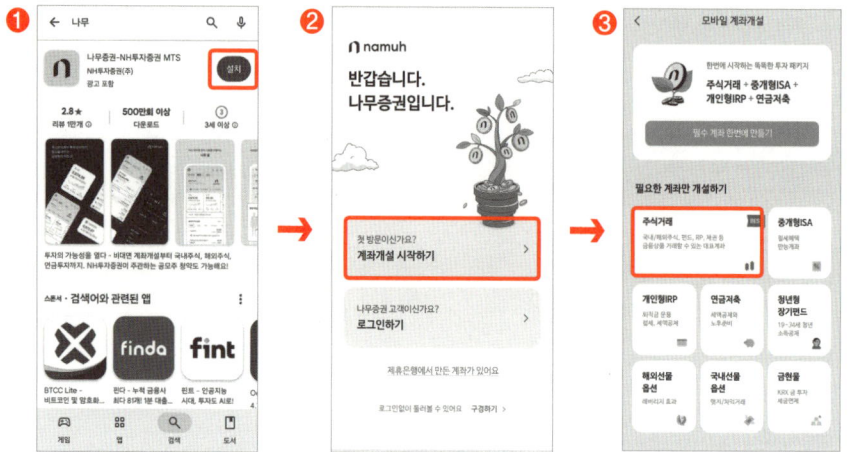

과 다르게 금융기관에 계좌를 만드는 것이므로, 계좌 개설
전 미리 본인 명의의 휴대폰, 신분증, 그리고 계좌인증을 위
한 다른 금융기관 계좌를 준비해놓자.

3. 계좌개설을 시작하면 어떤 계좌를 만들지 선택하는 창이 뜬
다. 나무 애플리케이션은 투자자에게 맞춤형 계좌 개설 서비
스를 제공하고 있는 걸 볼 수 있다. 최상단에는 투자자들이
많이 쓰는 주식거래, 중개형 ISA, 개인형 IRP, 연금저축 계
좌를 한꺼번에 만들 수 있도록 돼 있다. 이 모든 계좌가 필요
하면 '필수 계좌 한 번에 만들기'를 눌러서 진행하면 되지만,
만약 필요한 계좌만 골라 개설하고 싶다면 아래에서 특정 계
좌를 선택해 개설하며 된다. 필수 계좌를 한꺼번에 만들려면
시간이 오래 걸리니, 주식거래 계좌만 개설해보도록 하자.

주식거래 계좌를 개설하기 위해서는 중요 약관을 필수적으로 읽어봐야 한다. 이후 계좌를 개설하는 사람이 본인이 맞는지 인증하는 절차를 거친다. 그리고 투자자 자신의 정보를 입력해야 하는데, 자택 주소, 이메일, 직업 등을 기입하면 된다. 그러면 간편하게 주식계좌가 개설된다.

지금까지 살펴본 것처럼 증권사 계좌는 언제 어디서든 모바일이나 PC 등에서 간편하게 개설할 수 있다. 여기서 한 가지 알아두면 유용한 팁이 있다. 간혹 각 증권사에선 자신들의 계좌를 개설하면 신규 고객들에게 수수료 혜택을 주는 이벤트를 진행한다. 만약 평생 무료 수수료를 혜택으로 내건 이벤트를 진행한다면, 그 증권사에서 계좌를 개설하는 게 좋다.

처음 주식에 투자할 때는 소량의 자금으로 시작하기에 매매 수수료가 크게 안 느껴질 수 있겠지만, 자산 규모가 커지면 수수료도 그만큼 커진다. 특히 장기 투자자 입장에서는 수수료를 적게 내면서 수익금을 가져가는 측면에서 이득이라고 볼 수 있다. 통상 주식거래가 활발해지는 상승장에서 이러한 신규 고객 유치를 위해 이러한 혜택이 포함된 이벤트를 진행한다. 증권사 계좌를 급하게 만들지 말고 수수료 혜택 이벤트를 꼼꼼히 알아보고 계좌를 개설하는 게 현명한 방법이다.

또 아직 성인이 되지 않은 미성년자도 자신 명의의 계좌를 개설할 수 있다. 부모들이 금융투자 조기교육이나, 재산 증여를 목적으로 자녀에게 개설해주는 경우가 많다. 미성년자 계좌 개설을 위해서는 가족관계증명서, 기본증명서 등을 발급받아야 하며, 이 서류들을 증권사로 보내면 된다. 이 증명서들은 각 기관의 주요 서비스를 이용할 수 있는 정부24 홈페이지에서 발급받을 수 있다.

참고로 미성년자 자녀의 명의로 계좌를 개설하면 비과세 증여가 가능하다. 19세까지 10년 단위로 2,000~4,000만 원씩 자녀들에게 비과세 증여가 가능한데, 자녀의 나이가 어릴수록 절세에 유리하다. 또한 투자한 주식의 주가가 오르면 그만큼의 수익은 자녀의 몫이 되므로 일석이조의 효과를 누릴 수 있게 된다.

직접 주식 사보기

자, 이제 계좌까지 만들었다. 그러면 이제 한번 주식을 사보도록 하자. 주식을 거래할 때는 모바일을 활용하는 MTS 혹은 PC를 활용하는 홈 트레이딩 시스템, 즉 HTS를 이용한다. HTS는 PC에서 주식 등 다양한 금융상품을 거래할 수 있게 증권사에서 만든 전자 거래 시스템이다. 개인적으로는 이동하면서 언제 어디서든 간편하게 주식 거래를 할 수 있기 때문에 MTS를 애용하는 편이다. 예시로 앞서 개설했던 NH투자증권 MTS인 '나무' 애플리케이션을 통해 국내 주식 삼성전자, 미국 주식 마이크로소프트를 한 번 사보도록 하자.

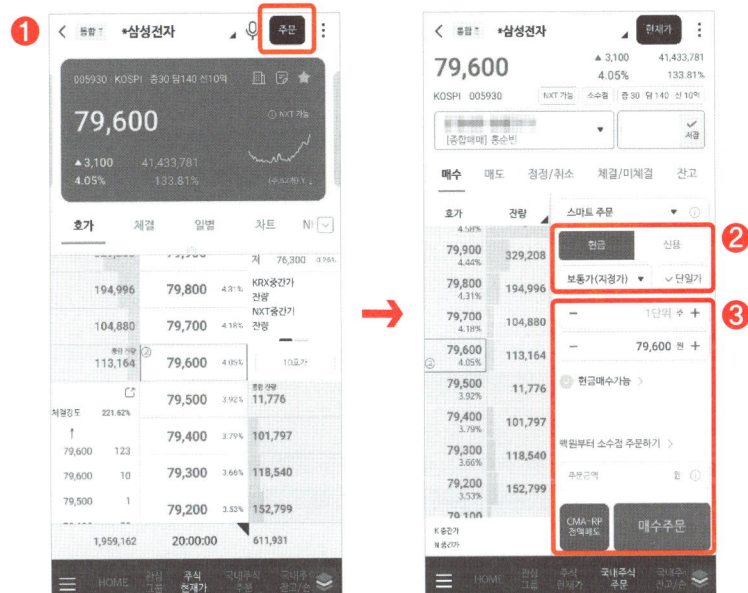

국내 주식 매수하는 방법

우선 삼성전자 주식을 사보도록 하자.

1. 나무 애플리케이션에서 삼성전자를 검색한다. 클릭해 들어
   가면 현재 삼성전자의 현재가가 얼마인지 확인할 수 있다.
   우측 상단에 주문 버튼을 클릭하면 매수 주문을 넣을 수 있
   는 화면으로 이동한다.

2. 현금/신용인지 클릭하고 밑에 '보통가(지정가)' 부문의 드롭박
   스를 클릭한다. 시장가, 최우선지정가 등 매수 주문을 넣을
   수 있는 옵션을 확인해볼 수 있다.

3. 본인이 원하는 호가 주문을 선택하고, 몇 주를 살 건지 선택한
   후 매수 주문을 넣는다. 그러면 삼성전자 주식을 살 수 있다.

미국 주식 매수하는 방법

그 다음으로 마이크로소프트 주식을 사보도록 하자.

1. 삼성전자와 다르게 마이크로소프트 주식을 살 때는 원화에서 달러로 환전을 먼저 해야 한다.

2. 이후에는 국내 주식과 비슷한 방법으로 진행하면 된다. '마이크로소프트'를 검색한 후 현재가를 확인, 주문 버튼을 누른다.

3. 마찬가지로 보통가(지정가), 시장가 등 본인이 원하는 매수 주문 유형을 선택한다.

4. 마이크로소프트 주식 몇 주를 살 것인지 선택한 후, 매수 주문을 넣고 체결되면 내 계좌에 마이크로소프트 주식이 들어오게 된다.

소수점 거래 서비스

한 주에 20만 원 내외 정도의 주식은 매수하기에 큰 부담은 없다. 하지만 주당 가치가 100만 원에 육박한다면 한 주를 온전히 사기 엄두가 안 날 수 있다. 이럴 때 이용할 수 있는 서비스가 바로 '소수점 거래'다.

소수점 거래는 주식을 1주 전체가 아닌 소수점 단위로 쪼개서 거래할 수 있는 서비스다. 국내 주식뿐 아니라 해외 주식도 거래가 가능한데 거의 모든 증권사에서 소수점 거래 서비스를 제공하고 있다. 작은 금액으로도 주식 거래가 가능하니 이 글을 읽는 투자자들도 한번 이 기능을 써보기 바란다.

HTS 사용법 익히기

  모바일 기기를 활용하는 MTS는 우리가 주식을 언제 어디서든 간편하게 매매할 수 있도록 하는 시스템이다. 하지만 좀 더 자세한 거래량, 기업분석, 투자지표 등을 확인해보려면 HTS를 설치하는 게 좋다. MTS와 같이 각자 자신에게 맞는 증권사 HTS를 쓰는 게 좋다. 필자가 주로 쓰는 신한투자증권 HTS(신한 SOL HTS)로 사용법에 대해 알아보도록 하자.

  신한 SOL HTS 상단은 주식과 관련된 큰 항목들로 구성돼 있다. 본인의 증권계좌에 있는 총 자산을 확인할 수 있는 자산현황부터

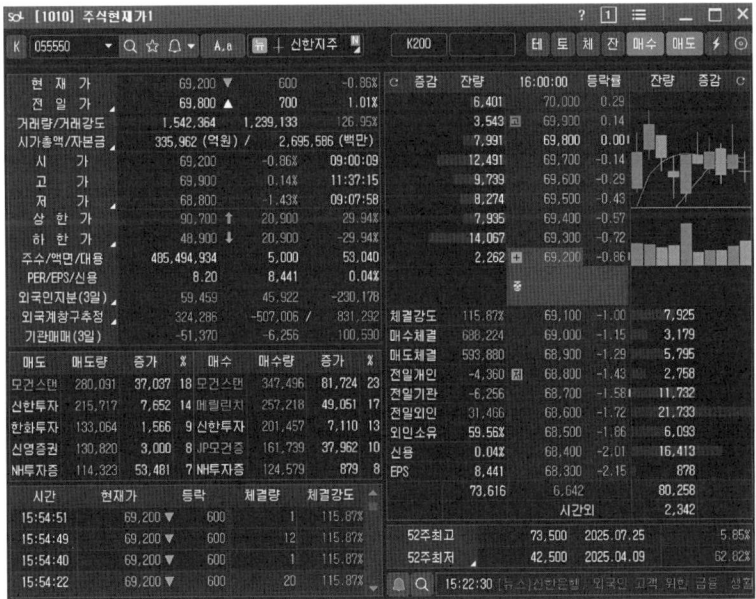

신한지주의 주식현재가 모습

국내 주식, 해외 주식, 선물옵션, ETF/ETN/ELW, 투자정보, 차트 등이 나열되어 있다. 국내 주식은 시세, 주문, 체결/잔고 등으로 나뉘어진다.

주식현재가 메뉴를 들어가면 주식의 현재 거래상황을 알 수 있다. 현재가, 거래량, 거래 주체, 외인 소유비율 등을 한눈에 볼 수 있어 상당히 편리하다. 주식현재가 창 상단 오른쪽엔 매수, 매도 버튼이 있어 호가창을 보고 매매도 가능하다. 이뿐 아니라 국내 주식 관련된 다양한 투자지표들을 확인할 수 있다. 국내 주식 탭 밑으로 이동하면 업종/섹터 분석, 투자주체, 투자자동향, 종목랭킹, 종목정보, 신용/대주 등 다양하고 세세한 정보들을 확인할 수 있으니 꼭 HTS를 확인하기 바란다.

해외 주식 탭도 국내 주식과 유사하게 구성돼 있다. 신한 HTS 에선 미국/중국/홍콩 주식과 일본/베트남/인도네시아 주식을 확인할 수 있는 탭이 나뉘어져 있다. 해외 주식 현재가와 종합화면에 들어가면 실시간으로 해외 주식의 변동사항과 거래량, 호가 등을 확인할 수 있다. 국내 주식과 마찬가지로 개별 해외 종목의 차트 등 다양한 정보들이 있으니 꼭 살펴보는 게 좋다. 해외 주식시장은 아무래도 시차가 있다 보니 뉴스를 확인하는 게 필수인데, 신한 HTS에는 해외 뉴스, 시황, 글로벌 ETF 등을 확인할 수 있는 항목이 별도로 구성돼 있다.

옆에는 선물옵션과 ETF/ETN/ELW 등의 메뉴가 있다. MTS와 마찬가지로 주식뿐 아니라 다양한 금융상품에 대한 정보를 HTS에서 확인할 수 있다. 초보 투자자에겐 선물옵션 투자는 권하진 않지만 선물옵션과 같은 파생상품 거래도 HTS에서 할 수 있다는 걸 알아만 두자. 이 외에도 투자정보, 차트, 신용/대차 정보 등 세세한 정보들을 확인할 수 있으니 HTS를 꼭 설치해서 익혀보기 바란다.

주식 매도, 현금화하는 방법은?

주식을 사봤으니 이제 한번 팔아도 보자. 매도하는 방법도 매수하는 것과 마찬가지로 일련의 과정을 거친다. 해당 주식을 검색하거나 자신의 잔고에서 보유 주식을 클릭한 후 매도 주문을 넣으면 된다. 거래가 체결되면 결론적으로 주식을 팔게 되는 것이다.

자, 이제 매도한 금액을 현금화해보자. 매도하고 나서 바로 일반 은행 계좌로 출금해서 돈을 뽑으려고 해도, 금액 인출이 안 될 것이다. 이게 어떻게 된 걸까? 주식 매도 후 출금은 체결일로부터 이틀, 정확히 말하면 2영업일이 지나야 가능하다. 월요일에 주식을 매도했다면 수요일부터 출금이 가능하고, 금요일에 주식을 매도했다면 다음 주 화요일부터 출금이 가능하다. 좀 불편하게 느낄 수도 있겠지만 주식 거래는 한국예탁결제원을 통해 처리되는데 오류를 확인하는 등의 여러 정산 과정을 거쳐야 하기 때문이다. 따라서 투자자들은 주식 매도일과 출금일 등을 잘 고려해서 주식 매도를 결정하고, 향후 자금 계획을 세우는 게 필요하다.

차트
어떻게 읽어야 돼?

주식 매매를 할 때 흔히 차트를 많이 본다. 빨간색과 파란색이 섞여서 하나의 선을 이루는데, 차트는 각 주식의 가격 변동, 그리고 거래량에 대한 정보를 담고 있다. 그래프는 보통 위아래 파동을 그리며 움직인다. 통상 상승을 하면 잠시 조정을 받고, 또다시 상승·하락하는 모습을 반복한다.

하지만 궁극적으로는 장기 추세를 그리며 움직이는데, 추세적으로 상승하는 차트의 경우 위아래 파동 그래프가 북동쪽으로 움직인다. 이때는 바닥 가격도 점점 올라가고 고점도 올라간다. 반대로 장기 우하향 주식의 경우 위아래 파동 그래프가 남동쪽을 향해 움직인다. 바닥인 줄 알았는데 알고 보니 지하실이 더 있는 슬픈 경우인 것이다.

주식의 흐름, 캔들 차트로 파악해보자

　차트는 주가 캔들, 이동평균선, 거래량으로 나뉘어져 있다. 흔히 주식시장에서 투자자들이 많이 참고하는 차트가 바로 캔들 차트다. 캔들 차트는 하나하나의 주가 캔들로 구성되는데 이 모습이 꼭 양초처럼 생겼다고 해 '캔들(Candle)'이라는 말이 붙여졌다. 하루치 변동을 나타내면 일봉, 일주일치 변동을 나타내면 주봉, 한달치 변동을 나타내면 월봉이라 한다. HTS, 그리고 네이버 증권 홈페이지에서 각 주식의 차트를 확인할 수 있다. 차트의 흐름이 어떤지 보고 거래 시점을 판단하는 것이 중요하기 때문에 차트가 어떻게 구성돼 있고, 어떻게 읽는 것인지 간단하게 알아보도록 하자.

　주가 캔들은 빨간색과 파란색으로 나뉜다. 각각 양봉, 음봉이라고 부르는데 시가보다 가격이 상승해 장을 마감했다면 양봉, 반대

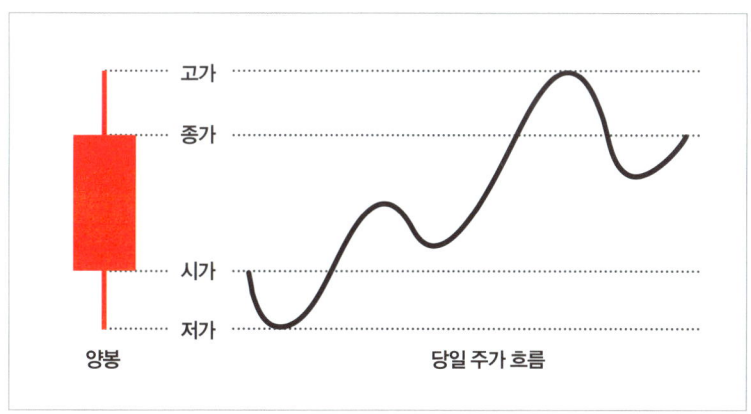

장대양봉의 모습. 당일 주가의 흐름이 상승세인 것을 볼 수 있다.

면 음봉이 된다. 일봉을 기준으로 시가와 종가 사이 뚱뚱한 부분은 몸통, 그리고 몸통에서 삐져나온 위, 아래 선들은 각각 그날의 고가와 저가를 나타낸다. 빨간색 몸통의 길이가 길게 나오며 상승세가 뿜어져 나오면 이를 장대양봉, 반대로 파란색 몸통이 쭉 뽑아지며 하락하는 모습이면 장대음봉이라고 한다.

그래프를 좀 자세하게 살펴보면 주가가 어떤 특정 가격대를 뚫는 경우도 있다. 박스권에서 움직이다가 기업의 펀더멘털을 바꿀 만한 실적과 변화가 생기면 주가가 특정 가격대를 뚫고 올라가는데, 이를 '돌파'라고 한다. 특정 가격대를 뚫고 내려갈 때도 있는데, 이 가격대를 '이탈'해서 내려간다고 표현한다.

반대로 특정 가격대를 돌파하지 못하는 경우도 있다. 예를 들어, 주가가 현재 2만 원대인데 3만 원선을 계속 몇 년 동안 넘지 못한다면, 이럴 경우 '저항'을 받는다고 표현한다. 아울러 그래프가 내려가는데 특정 가격대에서 더 이상 내려가지 않고 바닥을 형성하기도 하는데, 이럴 때 '지지'를 받는다는 표현을 쓴다. 예를 들면, 코스피 방산 대장주인 한화에어로스페이스는 최근 우상향하는 모습을 그려왔다. 단기 바닥을 만들면서 쭉 올라가는 모습이다. 반대로 롯데케미칼은 바닥이 점점 낮아지며 우하향하는 모습을 보인다.

그래프 파동이 계속해서 위아래 일정한 가격대에서 반복하는 경우도 있다. 이때의 흐름을 '박스권' 등락이라고 한다. 특정 가격대를 뚫지 못해 이전 고점에서 하락하는 모습이 나오고, 바닥에서 다시 매수세가 몰려 올라가는 모습을 반복하는 게 일반적이다.

한화에어로스페이스와 롯데케미칼 주가 추이

출처: nPay 증권

이평선? 거래량? 매매 타이밍 차트로 잡기

차트를 보면 캔들 차트 근처에 4개의 색이 다른 선들이 보이는데, 이는 특정 기간 동안 그 주가의 평균값을 이어서 만들어진 선을 말한다. 각각 5일, 20일, 60일, 120일로 나뉜다. 5일선은 5일간의 종가 평균을 이어서 만들어진 선이다. 20, 60, 120일선도 마찬가지로 그 기간 동안의 종가 평균을 이어서 만들어진 것이다. 이 이동평균선들은 기간에 따라 분류한다. 통상적으로 5일선과 20일선을 단기 이평선, 60일선은 중기 이평선, 120일선은 장기 이평선으로 부른다. 이동평균선은 장단기 투자자들의 거래 현황과 심리를 보여주는 보조지표로 사용된다. 단기 이평선은 말 그대로 단기적인 시장의 투자심리를 보여준다. 장기 이평선은 수급과 경기를 나타내주는데 장기적으로 우상향하는 주식의 경우는 장기 이평선도 계속 상승하

파크시스템스 주가 추이. 상단 캔들 차트 근처에서는 5일, 20일, 60일, 120일 이동평균선을, 하단에서는 거래량을 살펴볼 수 있다.

출처: nPay 증권

고, 반대로 우하향하는 주식의 경우는 내려가는 모습을 보인다. 장기 이평선의 경우 주가의 저항선, 지지선 역할을 하기 때문에 주가가 이평선을 돌파해 올라가거나 깨고 내려가는 걸 보고 매매 타이밍을 잡곤 한다.

주가 차트 밑을 보면 막대그래프로 거래량이 표현돼 있다. 일봉 차트 기준으로 하루 동안 얼마나 많은 거래가 있었는지를 나타내는 것이다. 거래량을 쭉 긴 시계열로 놓고 보면 대체로 일정 정도의 거래량이 나타나는 걸 볼 수 있다. 하지만 특정일에 갑자기 거래량이 늘어나기도 하는데, 이때는 보통 그 주식에 대한 호재 혹은 악재가 발생해 주식시장에서 거래가 활발히 이뤄지는 경우다. 참고로 거래량 막대가 빨간색이면 전날보다 거래량이 늘었다는 뜻이고, 파란색이면 반대로 거래량이 줄었다는 뜻이다.

거래량이 폭증한 주식에 대해 어느 투자주체가 대규모로 물량을 쏟아냈는지 파악해보는 것도 필요하다. 국내 주요 투자주체는 크게 개인, 외국인, 기관으로 나뉘는데 HTS의 '투자주체-종목별동향' 탭에서는 조금 더 상세하게 투자주체가 쏟아낸 물량을 확인해볼 수 있다. 참고로 빨간색으로 표시돼 있는 건 순매수, 즉 매수 물량이 매도 물량보다 더 많았다는 걸 의미하고, 파란색은 순매도로 매도 물량이 더 많았다는 뜻이다.

2025년 1,000억 원대 주가조작의 타겟이 된 'DI동일'의 사례를 보면 하한가를 찍은 당일부터 거래량이 늘어났다. 대규모 매도 물량이 나오면서 거래량이 늘어난 걸로 추측할 수 있다. DI동일이 하한가를 찍은 2025년 9월 23일, 개인과 기관 투자자가 각각 2만 8,436주와 4만 9,669주를 쏟아냈다. 그 다음날엔 기관 투자자가 무려 223만 7,541주의 물량을 순매도했다. DI동일에 대해서는 23일부터 기관 투자자들이 쏟아내는 물량이 많아 그만큼 거래량이 증가했고, 주가의 하방압력으로 작용했다고 볼 수 있다.

거래량이 갑자기 증가하면 그 기업에 무슨 일이 있었는지 유심히 찾아보고 대처하는 게 중요하다. 또한 차트만 가지고 주식투자를 하면 절대 안 된다. 투자 대상 기업, 업종 등 여러가지 정보에 대해 모두 분석한 다음 보조적인 수단으로 차트를 써야 한다. 어디까지나 차트는 과거 주가가 어떻게 흘렀음을 보여주는 참고자료일 뿐 차트만 보고 매매를 하면 상당히 곤란해질 수 있기 때문이다.

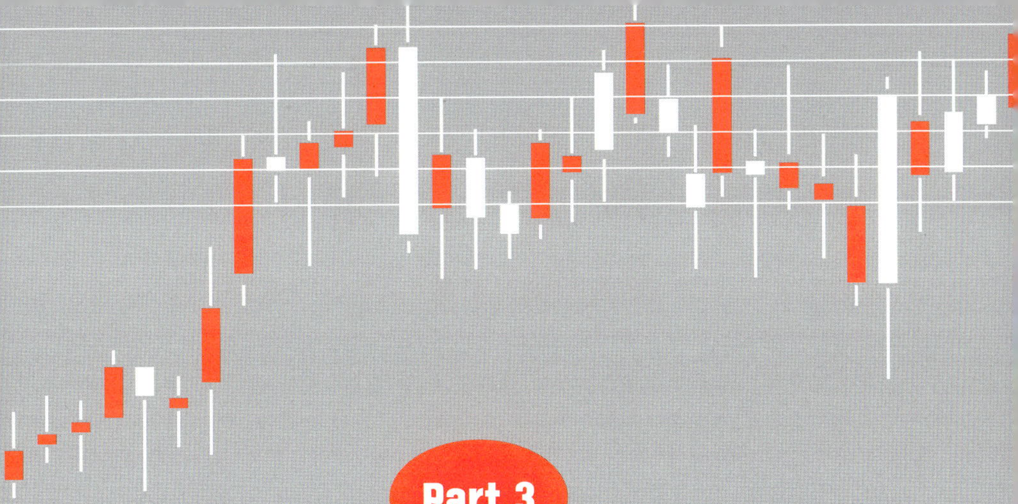

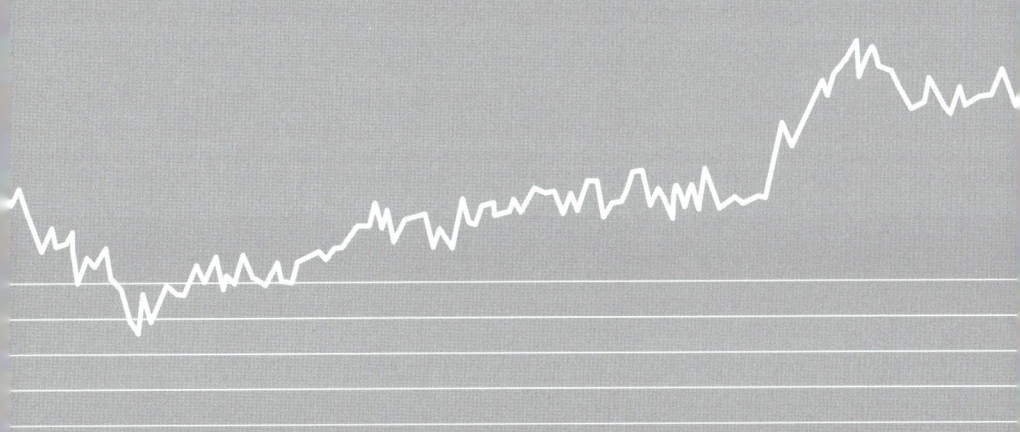

Part 3

공시부터
뜯어보자

뉴스에 의존하지 말고 공시부터 보자

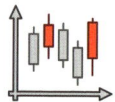

앞서 주식은 한 기업의 소유권을 잘게 나눈 조각이라는 것을 살펴봤다. 주식에 투자하는 건 그 기업에 투자하는 걸 의미하는데, 그렇다면 그 기업이 어떤 곳인지 정확하게 알 필요가 있다. 이제부터는 어떻게 기업을 제대로 분석하는지 꼼꼼하게 알아보자.

기업들의 민낯, 공시가 뭐길래?

일반적인 투자자는 흔히 뉴스에 많이 의존한다. 뉴스는 핵심 정보들을 짧고 간결하게 요약해 전달해주기 때문에 투자자 입장에선 편하게 그 기업의 현재 상황을 파악할 수 있다. 가령 투자한 기업이 글로벌 빅테크와 업무협약을 맺었다거나 그 기업의 제품이 현재 성황리에 판매가 되고 있다는 소식을 뉴스를 통해 접한다.

이러한 흐름과 정보 파악은 투자에 있어 중요한 요소 중 하나지만 투자의 전부는 아니다. 투자한 기업이 정확히 어떤 사업을 영위하고 있는지, 그리고 어떻게 자금 조달을 하고 있는지 등을 제대로 파악해봐야 한다. 이를 위해선 '공시'를 살펴보는 게 필수적이다.

공시는 공평할 '공(公)', 보일 '시(示)'로 구성돼 있는데, 표준국어대사전에는 '일정한 내용을 공개적으로 게시해 일반에게 널리 알린다'란 뜻으로 돼 있다. 주식시장에서도 공시가 쓰인다. 기업들이 분기 혹은 반기 실적, 자금조달 계획, 주주환원 정책 등을 잠재적 혹은 일반 투자자들에게 알리기 위해 공시를 한다. 이 공시는 투자자에게 투자 판단의 재료로 쓰이고 시장에서 공정한 주식 가격이 형성되도록 돕는다. 또한 기업의 주요 사업활동에 대한 부정적인 소식도 공개가 되니 투자자도 보호받을 수 있다.

흔히 우리가 알고 있는 공시 제도는 1920년대부터 시작됐다. 과거 미국 주식시장에선 투기, 가격 조작 등의 행위가 빈번하게 일어났고 1929년 대공황으로 투자자들이 큰 손실을 입게 된다. 투자자 보호에 나선 미국 정부는 1933년 증권 발행 시 충분한 정보 제공을 의무화한 증권법을 제정한다. 다음 해인 1934년 상장 기업들이 정보를 공개하도록 하는 내용을 담은 증권거래법도 제정된다. 이후 공시 요건이 강화되면서 제도가 발전했고, 기업 경영의 투명성과 재무정보의 건전성을 확보하기 위한 노력이 계속됐다.

한국에서도 국내 주식시장이 성숙됨에 따라 공시 제도가 발전했다. 1997년 IMF 외환 위기를 겪으며 기업 투명성 제고의 중요성이 강조됐고, 투자자들이 기업 공시정보를 언제 어디서든 쉽게 조회할 수 있는 전자공시시스템(DART)이 도입된다. 더불어 지금도 투자자들에게 상세하고 정확한 정보를 제공하기 위한 제도들이 나오고 있다.

우리나라 상장사의 경우 일정 기간 내에 회사의 사업 내용과 실적 등을 기재한 사업·반기·분기보고서를 금융감독원에 제출해야 한다. 기업의 한 해 농사를 잘 기록해놓은 사업보고서를 예시로 설명해보겠다.

A기업이 그 해 12월까지 결산을 진행한다고 하면 이로부터 90일 이내인 3월 말까지 사업보고서를 제출해야 한다. 늦어지게 되면 관리종목으로 지정이 되거나 상장폐지 대상에 오를 수 있으므로 연장 신고를 하지 않는 한 사업보고서를 꼭 내야 한다. 일부 예외를 제외하면 반기·분기보고서의 경우 45일 이내에 제출해야 한다.

이 보고서들은 DART에 공시가 돼 일반 투자자도 열람해볼 수 있다. DART는 전자공시를 조회할 수 있는 시스템이다. 누구든지 편한 장소와 시간에 금융감독원에 제출된 모든 공시자료를 열람 가능하다. 사업보고서뿐 아니라 반기, 분기보고서도 확인할 수 있으며, 증권신고서, 투자설명서 등 기업이 주식시장에 상장하기 위해 제출한 다양한 서류들을 확인할 수 있다. 아울러 기존 증권신고서 내용 중 투자 판단에 중요한 사항이 변경 혹은 보완이 이뤄진 정정신고서도 DART를 통해 확인할 수 있다.

참고로 전자공시시스템은 한국뿐 아니라 미국, 캐나다, 일본 등 주요 국가에서도 시행하고 있다. 대표적으로 미국 상장 기업의 공시정보를 확인할 수 있는 곳은 미국 증권거래위원회(SEC)의 EDGAR 시스템(www.sec.gov/edgar)이 있다.

DART로 전자공시 확인하기

DART는 누구나 다 접근이 가능한 데이터베이스다. 인터넷 홈페이지를 통해 접속할 수 있고, 최근엔 모바일 애플리케이션을 통해서도 접속이 돼 더욱 편리해졌다. 그럼 지금부터 한국의 공시 사이트 DART에서 기업 공시를 살펴보는 방법을 익혀보도록 하자. 홈페이지에 접속하면 상단에 다양한 메뉴들이 나온다. '최근공시'는 제출 대상 기업들이 낸 최근 공시를 확인할 수 있는 메뉴다. 주로 코스피(유가증권), 코스닥, 코넥스 상장사와 기타법인, 펀드들의 공시를 살펴볼 수 있다. 유가증권시장의 최근 공시를 살펴보도록 하자.

2025년 9월 19일엔 140건의 공시가 나와 있는데, 아래 목록을 보면 그 공시가 제출된 시간과 공시대상 회사, 보고서명, 제출인, 접수일자 등으로 정리돼 있다. 여기엔 투자설명서, 횡령·배임사실 확인, 사업보고서, 주요사항보고서 등 다양한 공시들이 나와 있는데, 보고서를 클릭하면 공시 내용을 바로 살펴볼 수 있다. 왼쪽 탭 코스닥시장, 코넥스시장, 기타법인 등에선 또 다른 공시들을 만나볼 수 있다.

공시통합검색으로 알테오젠의 1년치 공시를 검색한 결과 　　　　　　　　　　　　　　　출처: DART

　　상단 메뉴 중 '공시서류검색'이란 메뉴가 있다. 여기선 원하는 기업의 공시정보를 한눈에 확인할 수 있다. 투자자가 직접 기간, 공시 유형, 보고서 제출인명 등을 설정해 특정 회사의 공시를 찾아볼 수 있다. 예를 들어, 바이오 상장 기업인 '알테오젠'에서 지난 1년간 제출했던 공시들을 살펴보고자 한다면, 공시통합검색 회사명에 '알테오젠'을 입력하고 기간을 1년으로 선택 후 검색 버튼을 누른다. 그러면 최근 알테오젠이 발표한 공시부터 순서대로 정렬돼 나온다. 이렇게 투자자는 쉽게 알테오젠의 기업설명회(IR) 개최 개요부터 반기보고서, 정기주주총회 결과, 투자판단과 관련된 기술계약 사항 등의 내용을 모두 확인해볼 수 있다.

　　투자자들이 잘 써먹을 수 있는 메뉴가 하나 더 있다. '공모정보'

라는 곳인데, 여기서는 상장을 준비하는 기업들의 증권신고서를 확인해볼 수 있다. 여기서 '공모'는 일반 투자자들을 대상으로 투자를 받고 판다는 의미다. 50명 이상의 투자자에게 자금을 받는다고 하면 공모에 포함된다. 반대로 50명 미만의 소수 투자자를 대상으로 한다면 이는 '사모'로 분류된다. DART에서 확인 가능한 것은 공모 투자자들에게 제공되는 정보다.

통상 기업은 상장 전 기업을 소개하면서 투자자들에게 미리 주식을 파는데, 이를 기업공개, IPO(Initial Public Offering)라고 한다. IPO는 기업의 첫 번째 공모이기에 일정 금액 이상의 청약금만 넣으면 누구든 해당 기업의 주식을 살 기회가 주어진다. 공모주 투자를 위해선 증권신고서를 잘 살펴봐야 하는데, 증권신고서엔 공모 개요부터 공모 방법, 공모가격 결정 방법, 투자 위험 요소, 회사의 개요 등이 자세하게 나와있다. 특히 증권신고서를 보고 투자 대상 회사의 기업가치가 어떻게 산정됐는지, 공모주 배정 물량은 얼마나 되는지 등을 미리 파악해보는 게 좋다. 공모주 투자 방법에 대해서는 뒤에서 자세히 다룰 예정이다.

거래소에서도 공시를 본다

한국거래소 전자공시시스템인 카인드(KIND)에서도 다양한 공시 정보를 확인해볼 수 있다. 특히 공정공시, 의결권 행사 공시, 시장조치 등의 내용들은 한국거래소의 고유 공시사항이므로 KIND 홈

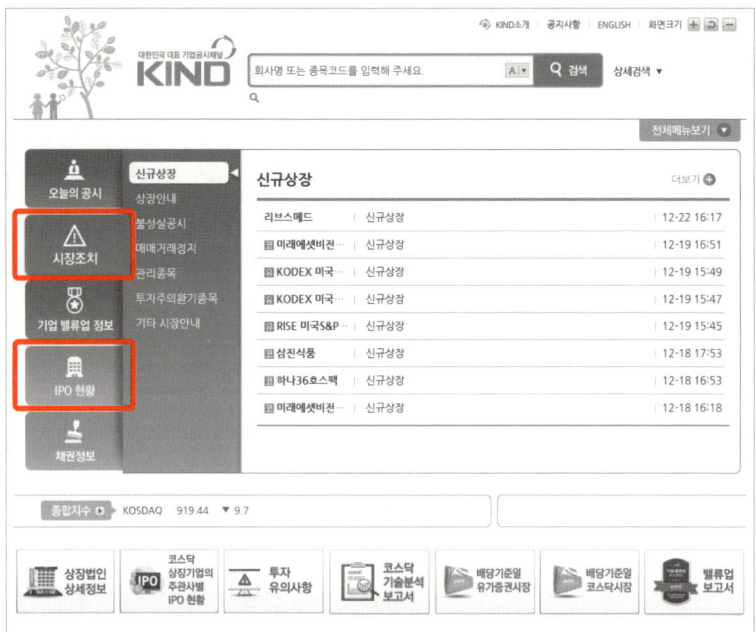

한국거래소 전자공시시스템 KIND의 시장조치와 IPO 현황 메뉴

페이지(kind.krx.co.kr)를 통해 살펴보면 좋다.

　　KIND의 첫 화면은 크게 5가지 메뉴로 나뉘어져 있는데 그중에서 시장조치, IPO 현황 등은 KIND만의 독자적인 공시라고 볼 수 있다. '시장조치'란에서는 불성실공시, 매매거래정지, 관리종목지정 여부 등을 확인할 수 있어 리스크 관리 차원에서 유용하게 쓰일수 있다. 최근 상장 기업들의 기업가치를 제고하고 한국 증시의 도약을 위해 KIND에서는 기업 밸류업 정보와 공시들을 묶어 놓은 기업 밸류업 정보도 제공하고 있으니 한번 살펴보자.

　　참고로 상장법인이 공시를 제대로 하지 않으면 자본시장과 금융투자업에 관한 법률, 유가증권시장공시규정 등에 따라 불성실공시법인으로 지정이 된다. 한국거래소는 공시위반 내용의 중요도, 공시지연 정도 등에 따라 제재를 주는데, 부과된 벌점에 따라 매매거래 정지, 관리종목 지정 및 상장폐지 등의 시장조치가 따라올 수 있다.

불성실고시 유형으로는 크게 3가지가 있는데 공시불이행, 공시번복, 공시변경이 있다. 불성실공시에 해당하는 경우, 거래소는 불성실공시법인 지정을 예고한 후 7거래일간의 이의신청 기간을 부여한다. 특별한 사유가 없으면 이의신청기간 종료일로부터 10거래일 이내에 상장공시위원회 심의를 거쳐 불성실공시법인 지정 여부와 벌점 및 제재금 부과 여부를 결정한다. 이러한 사항들은 KIND에 공시가 되니 투자자로서 꼼꼼히 살펴보는 게 좋다.

사업보고서
제대로 파헤치기

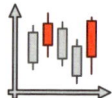

다시 DART로 돌아와서, 그렇다면 기업들의 영업활동을 어떻게 살펴볼 수 있을까? 앞서 잠깐 언급했던 사업보고서가 이를 파악할 수 있는 중요한 기본 자료가 된다. 사업보고서는 한 해(1~4분기)의 경영 활동과 재무 상태를 종합적으로 정리해 공개하는 기업의 중요 문서다. 사업보고서는 1년에 1번 나오고 나머지는 분기보고서와 반기보고서가 나온다. 1분기가 끝나면 분기보고서, 2분기가 끝나면 반기보고서, 3분기가 끝나면 분기보고서, 4분기가 끝나면 사업보고서가 나오는 방식이다.

JYP엔터테인먼트의 2025.03.17
사업보고서 QR 링크

JYP엔터, 사업보고서로 쉽게 파악해보자

　국내 빅4 엔터사 중 한 곳인 JYP엔터테인먼트(JYP Ent., 이하 JYP엔터)를 통해 사업보고서에 어떤 내용들이 담겨 있는지 쉽게 이해해보자. 2025년 3월 17일에 발표된 사업보고서는 2024년 1월 1일부터 12월 31일까지 한 해 동안 JYP엔터 기업활동의 모든 것을 살펴볼 수 있다. 지금 PC나 모바일 기기로 JYP엔터테인먼트 사업보고서 QR 링크에 접속해보자. 지금부터 펼쳐질 설명은 글로만 읽으면 복잡하게 느껴질 수 있지만 사이트와 함께 살펴보면 예상 외로 쉽고 재미있게 이해할 수 있다. 각 파트별 설명을 읽을 때마다 클릭해 살펴보면서 따라오기를 권한다.

　문서목차 메뉴엔 로마자로 큰 항목들이 나온다. 회사의 개요에서부터 사업의 내용, 재무에 관한 사항, 이사의 경영진단 및 분석의견, 주주에 관한 사항, 대주주 등과의 거래내용 등으로 나뉘어져 있다. JYP엔터 투자자라면 1년에 한 번 나오는 사업보고서에 나온 모든 항목을 찬찬히 뜯어보면서 분석해야 마땅하나, 사업보고서를 처음 접하는 투자자라면 책에서 소개하는 항목부터 살펴보길 추천한다.

이 회사가 뭐길래? 회사의 개요

　먼저 'Ⅰ. 회사의 개요'다. 말 그대로 JYP엔터가 어떤 회사인지 간략한 개요를 설명해주는 곳이다. 투자자라면 적어도 투자한 회사가 어떤 회사인지 알아야 하니 꼭 읽어봐야 한다. 회사의 개요

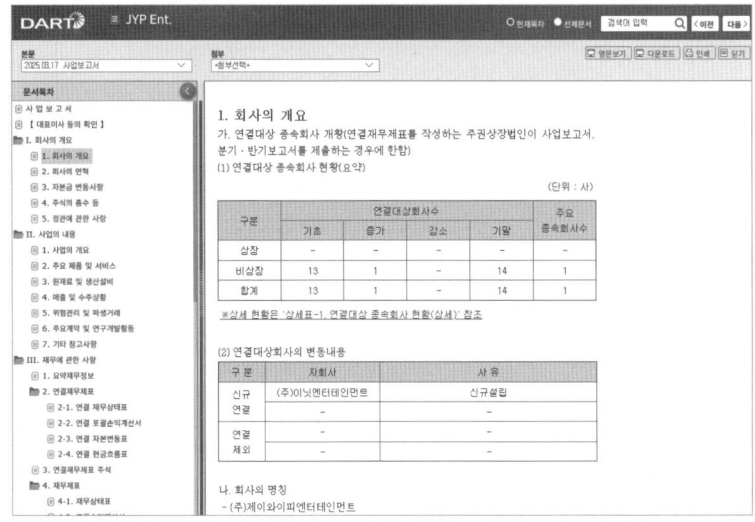

JYP엔터의 회사 개요를 확인해볼 수 있는 JYP엔터의 사업보고서

세부 항목인 '1. 회사의 개요'에는 JYP엔터의 연결대상 종속회사 현황과 설립일자, 종속회사의 내용 등이 나와있다.

맨 처음 연결대상 종속회사 현황을 보면 기초엔 비장상사가 13개였는데 기말엔 증가해 14개로 증가했다고 돼 있다. 이는 2024년이 시작할 땐 JYP엔터의 상장되지 않은 종속회사가 13개였는데 그해 1개가 더 만들어져 총 14개가 됐다는 걸 의미한다. 이 변동내용은 아래 '연결대상회사의 변동내용'에 간략하게 나와있는데, 이닛엔터테인먼트를 새로 설립한 걸 알 수 있다. 그리고 상세 현황은 '상세표-1. 연결대상 종속회사 현황(상세)'으로 이동하면 확인해볼 수 있다.

'4. 주식의 총수'에는 JYP엔터 주식의 총수 현황이 적혀 있다.

이해를 조금 돕기 위해 간단히 설명해보자면 'Ⅳ. 발행주식의 총수'는 현재 주식시장에 상장돼 있는 JYP엔터의 모든 주식수를 의미한다. 'Ⅴ. 자기주식수'는 JYP엔터가 갖고 있는 자사주를 의미하고, 그 규모는 239만 9,433주다. 자사주를 신규로 취득하거나 보유하고 있는 현황에 대해서는 그 밑에 자세하게 적혀 있다. JYP엔터가 보유한 자사주를 제외한 나머지 유통되고 있는 주식은 Ⅳ에서 Ⅴ를 뺀 3,313만 3,059주, 'Ⅵ. 유통주식수'로 표현되고 있다.

'5. 정관에 관한 사항'도 한번 살펴보도록 하자. 정관에 관한 사항은 한 기업의 설립과 운영에 대한 목적과 규칙들을 적어 놓은 곳으로, 정관 변경 이력과 사업목적 현황, 사업목적 변경 내용 등을 적어놓아 언제 어떻게 했는지를 모두 파악할 수 있다. '나. 사업목적 현황'에서 2024년 기준 JYP엔터가 사업영역을 영위하고 있는지의 여부를 미영위, 영위로 구분해 표현하고 있다. 인터넷 및 전자상거래업, 국내외 연예인 및 스포츠 선수 기타 공인 매니지먼트업 등을 영위하고 있는 걸 알 수 있다.

그 밑의 '다. 사업목적 변경 내용'을 보면 2022년 3월 29일 가상화폐 개발업, 블록체인 플랫폼 개발 등이 추가가 됐고 진출 목적과 사업 분야가 어떤 것인지까지 자세하게 나와 있다. 즉, 투자자는 공시를 통해 JYP엔터가 어떤 사업을 신사업으로 잡았고, 향후 어떻게 추진되는지 파악해볼 수 있다.

무슨 사업을 하는가? 사업의 내용

그 다음으로 큰 항목인 'Ⅱ. 사업의 내용'에 대해 살펴보자. 사

업의 개요부터 주요 제품 및 서비스, 원재료 및 생산설비, 매출 및
수주상황 등을 한눈에 알아볼 수 있는 곳이다.

'1. 사업의 개요'에서는 JYP엔터가 어떤 기업인지를 간략하게
설명해주고 있다. 종합 엔터테인먼트 기업으로 아티스트를 발굴,
육성하고 음악 컨텐츠의 기획과 제작이 가능한 인프라와 프로세스
를 구조적으로 내재화한 곳이라고 설명하고 있다. 현재 JYP엔터에
서 활동하고 있는 아티스트들도 살펴볼 수 있는데, 2008년 데뷔한
남자 아이돌 2PM에서부터 트와이스, 데이식스(DAY6), 스트레이키
즈, ITZY, 킥플립(KickFlip)까지 아티스트의 데뷔 연도, 국적, 멤버
수 등을 모두 친절하게 적어 놓았다.

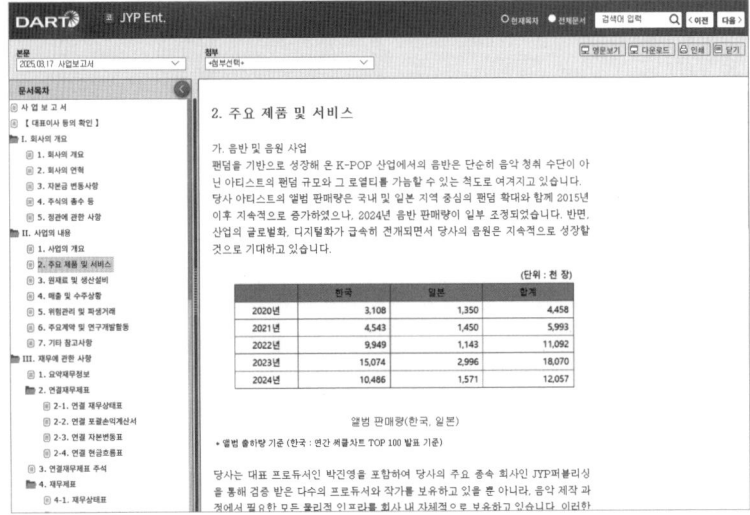

사업보고서를 통해 JYP엔터의 한국, 일본 합산 앨범 판매량이 2023년 1,807만 장이었지만 2024
년에는 1,205만 7,000장으로 약 33% 감소한 것을 알 수 있다.

'2. 주요 제품 및 서비스'는 그 기업의 주 사업영역의 제품과 서비스에 대해 설명하는 곳이다. JYP엔터의 경우 음반 및 음원사업, 공연사업, 용역 및 IP 라이센싱 사업을 주력으로 한다고 돼 있다. K팝 산업은 얼마나 많은 공연을 하고, 앨범이 판매되느냐에 따라 수익이 달라진다. 때문에 JYP엔터도 음반 및 음원이 아티스트의 팬덤 규모와 그 로열티를 가늠할 수 있는 척도라고 밝혔다. 한국과 일본 앨범판매량도 표로 정리해놨는데 2024년 앨범판매량이 2023년에 비해 일부 줄어든 걸 확인할 수 있다.

'3. 원재료 및 생산설비'는 보통 그 회사가 어떤 재료를 갖고 제품을 만드는지, 생산설비가 무엇인지를 써놓는 곳이다. JYP엔터는 주 수익원이 물적 형태로 나타나지 않는 서비스업으로 여기에 대한 기재는 생략했다.

'4. 매출 및 수주현황'은 그 기업의 매출 실적을 간략하게 나타내는 곳으로 JYP엔터의 매출은 크게 음반과 매니지먼트 사업에서 발생한다는 걸 알 수 있다. 2024년이 30기이므로, 29기는 2023년, 28기는 2022년이다.

'7. 기타 참고사항'은 사업보고서를 낸 기업의 전체적인 산업 현황 및 시장 환경에 대해 주로 알려준다. JYP엔터의 경우 음악 산업의 특성, 국내외 음악 시장의 규모와 여건 등이 소개가 돼 있다.

회계정보 파악해보자, 재무에 관한 사항

다음으로 볼 것은 'Ⅲ. 재무에 관한 사항'이다. 이곳은 한 기업의 전반적인 재무 상황을 숫자를 통해 보여준다. 연결재무제표부터 시작해 연결재무제표 주석, 배당에 관한 사항, 증권의 발행을 통한 자금조달에 관한 사항 등 그 기업에 대한 다양한 정보들이 기입돼 있다. 재무제표와 기업의 매출액, 이익 등을 자세하게 알아보는 건 잠시 미뤄두고 일단 사업보고서 항목에 이런 것들 것 있구나 정도로 가볍게 훑고 지나가도록 하겠다.

재무제표

JYP엔터의 사업보고서를 바탕으로 살펴보면 '2. 연결재무제표'에는 세부항목으로 연결재무상태표, 연결 포괄손익계산서, 연결자본변동표, 연결 현금흐름표가 있다. '4. 재무제표'에도 항목 2와 비슷하게 재무상태표, 포괄손익계산서, 자본변동표, 현금흐름표 등이 있다. 앞에 '연결'이라는 말이 있고 없고의 차이인데, 재무제표 작성 시 종속회사가 있는지 여부에 따라 달라진다.

종속회사가 있으면 연결재무제표, 없으면 별도재무제표를 만든다. JYP엔터는 여러 개의 종속회사가 있으니 연결재무제표를 만드는 것이다. JYP엔터의 종합 재무성과를 보고 싶다면 연결재무제표를, 모회사 자체만의 경영 성과를 보고 싶다면 별도재무제표를 보면 된다.

'2. 연결재무제표'를 살펴보면, 세부 항복으로는 크게 재무상태표와 포괄손익계산서, 자본변동표, 현금흐름표가 있다. 재무상태표는 특정 시점에 그 기업의 재무상태를 나타내는 표를 말한다. 재무상태표는 자산이라는 큰 항목에 자본과 부채를 더한 계산식으로 구성된다. JYP엔터의 경우에도 2024년 12월 31일 현재 전체 자산, 자본, 부채가 얼마나 있는지를 마치 스냅샷처럼 팡 찍어 재무상태표로 보여주고 있다.

연결재무제표에 있는 숫자들이 어떻게 산출되고, 그 기준이 무엇인지 궁금한 사람도 많을 것이다. 그럴 때는 '3. 연결재무제표 주석'란을 살펴보면 된다. 여기에는 재무제표 대상이 되는 기업 개요부터 작성 기준까지 모두 나와있다.

보통 재무제표를 꼼꼼하게 보고 투자하는 투자자들은 이 주석 내용을 정독한다. 여긴 기업의 재무적인 성과가 낱낱이 공개되는 공간이기 때문에 숫자에 익숙한 투자자는 기업이 숨겨놓은 힌트들을 찾아내기도 한다. 연결 재무상태표부터 주석까지 모두 살펴보면 좋겠지만 공시를 처음 접한 투자자들은 충분한 시간을 갖고 천천히 분석해보는 것이 좋다.

포괄손익계산서

포괄손익계산서는 조금 다르다. 포괄손익계산서는 일정 기간 동안 매출이나 이익, 비용 등에 얼마나 변동이 있었는지를 나타내준다. JYP엔터의 2024년 포괄손익계산서는 1월 1일부터 12월 31일까지 얼마나 성과를 냈는지 보여준다. 정리하자면 재무상태표는 시점으로 표현한 것이고, 포괄손익계산서는 흐름으로 표현한 것이라 생각하면 편하다. 재무상태표와 포괄손익계산서를 구성하는 다양한 용어와 항목에 대해서는 뒤에서 다시 설명하기로 하고 일단 지금은 잠시 넘어가겠다.

현금흐름표

현금흐름표도 기업을 파악하기 위해 살펴봐야 할 아주 중요한 자료 중 하나다. 현금흐름표는 일정 기간 동안 그 기업이 현금을 어떻게 벌어들이고 사용했는지를 보여준다. 재무상태표와 포괄손익계산서는 포장만 잘하면 그럴싸하게 만들(?) 수 있겠지만 현금흐름표는 그럴 수가 없다. 그래서 투자자는 현금흐름표를 통해 장부상의 이익과 실제 기업이 수취하는 현금 사이의 괴리를 확인할 수 있다.

한 기업의 현금흐름을 정확하게 나타내므로 초고수 투자자는 이 현금흐름표를 자세히 분석해 기업의 재무 건전성을 정확하게 파악하곤 한다. 현금흐름은 크게 영업활동, 투자활동, 재무활동으로 나뉜다. 현금흐름이 장기간 증가하는 기업은 우량한 기업이라고 평가받는데, 다음 파트에서 현금흐름표에 대해 자세하게 알아볼 예정이다.

배당에 관한 사항

투자자라면 항상 배당에 관심을 가질 것이다. 배당에 관련된 사항도 사업보고서에서 확인해볼 수 있다. '6. 배당에 관한 사항'을 보면 각 회사의 배당 정책과 배당성향 등의 정보가 나와있다. JYP엔

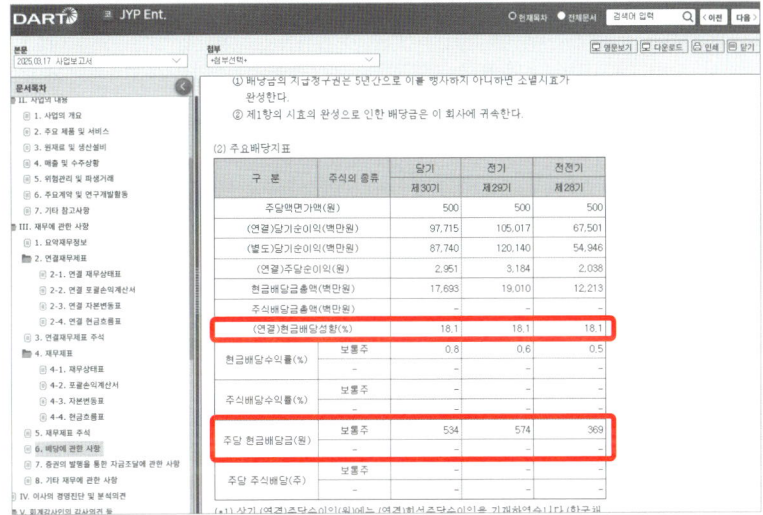

구 분	주식의 종류	당기 제30기	전기 제29기	전전기 제28기
주당액면가액(원)		500	500	500
(연결)당기순이익(백만원)		97,715	105,017	67,501
(별도)당기순이익(백만원)		87,740	120,140	54,946
(연결)주당순이익(원)		2,951	3,184	2,038
현금배당금총액(백만원)		17,693	19,010	12,213
주식배당금총액(백만원)		–	–	–
(연결)현금배당성향(%)		18.1	18.1	18.1
현금배당수익률(%)	보통주	0.8	0.6	0.5
		–	–	–
주식배당수익률(%)	보통주	–	–	–
		–	–	–
주당 현금배당금(원)	보통주	534	574	369
		–	–	–
주당 주식배당(주)	보통주	–	–	–

사업보고서의 '배당에 관한 사항'을 통해 살펴본 JYP엔터의 주요배당지표　　　　출처: DART

터의 경우 주주가치 제고를 기본 원칙으로 2018 회계연도 이후부터 매년 연결 당기순이익 16~18%의 배당성향을 유지해왔다는 것을 알 수 있다. 2024년에는 현금배당성향이 18.1%였으며 현금배당수익률은 0.8%였다. 즉, 주당 534원의 배당금이 돌아간 셈이다.

JYP엔터의 주주는 누구지? 주주에 관한 사항

다른 큰 항목들의 내용도 매우 중요하지만 조금 건너뛰어 'Ⅶ. 주주에 관한 사항'으로 이동해보자. 상장사이므로 당연히 주주가 있고, 주식을 가장 많이 보유하고 있는 사람이 누구인지도 살펴봐야 한다. 주주에 관한 사항에는 최대주주가 누구인지, 5% 이상 해당 회사의 지분을 갖고 있는 사람의 주주가 누구인지, 그리고 소액주주들이 얼마나 많은 주식을 보유하고 있는지에 대한 정보가 나와 있다.

JYP엔터의 최대주주는 대표 프로듀서인 박진영이다. 박진영 프로듀서는 지난해 말 기준 JYP엔터의 주식을 15.37% 갖고 있으며, 동시에 JYP엔터의 최대주주다. 정욱 대표이사와 변상봉 부사장은 각각 JYP엔터 주식을 각각 0.41%, 0.04% 보유해 특수관계인으로 분류된다. 정리하자면 최대주주 박진영 프로듀서 및 특수관계인들의 총 JYP엔터 지분율은 15.82%다. 아울러 현재 JYP엔터의 주식을 5% 이상 들고 있는 주주는 박진영 프로듀서이며, 자사주는 6.75%다.

지분공시보고서

국내 주식시장에서는 한 회사의 발행주식 총수의 5% 이상을 보유하게 되면 공시를 해야 하는 의무가 있다. 이를 '5%룰'이라고 한다. 자본시장과 금융투자업에 관한 법률 제147조에 근거해 시행되고 있는데, 지분을 5% 이상 보유하게 되면 그 날부터 5일 이내에 지분 보유상황, 목적, 주요계약 내용 등을 금융위원회와 거래소에 알려야 한다. 기존에 5% 이상 보유하고 있는 주주의 경우 1% 이상 보유 비율이 변동되면 공시를 해야 한다. 한 회사의 주식을 대량으로 보유한 투자자의 현황을 공정하고 투명하게 공개해 불공정 거래를 막는 차원에서 이러한 룰이 시행된다. 지분공시보고서는 투자자들이 DART를 통해 쉽게 확인해볼 수 있다.

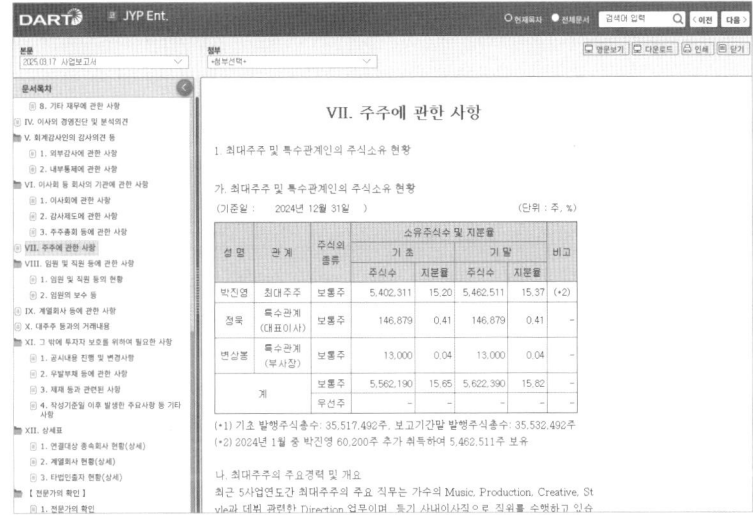

투자한 회사들을 누가 이끌어가는지, 즉 CEO와 CFO 등은 누구인지도 사업보고서를 통해 확인할 수 있다. 그 회사의 대표가 어떤 사람이며, 어떤 경영철학을 갖고 있는지 파악해보는 것도 투자자의 핵심 덕목 중 하나다. 'Ⅷ. 임원 및 직원 등에 관한 사항'을 보면 사내, 사외이사가 누구인지 확인해볼 수 있다.

그 밑엔 그 회사의 정규직, 기간제 근로자가 몇 명인지도 나와 있다. JYP엔터의 경우 총 4명의 사내이사와 4명의 사외이사, 6명의 비등기이사가 임원으로 있다는 걸 알 수 있다. 닉쿤, 장우영 등 과거 2PM으로 활동했던 아이돌들도 비등기이사로 등록돼 있다는 것도 알 수 있다. 직원 현황도 알 수 있는데, 기간제 근로자는 6명, 나머지 근로자는 416명으로 총 422명의 직원이 JYP엔터에 재직 중이다.

간략하게 사업보고서를 짚고 넘어갔지만 회사와 관련된 중요한 정보들을 사업보고서를 통해서 모두 확인해볼 수 있다. 매 분기가 끝나면 발표되는 분기 혹은 반기보고서도 꼼꼼히 확인해보면서 지난 보고서들과 달라진 게 없는지 비교해보는 것도 좋다. 사업보고서와 친해지면 친해질수록 투자를 더 재밌고 즐겁게 이어나갈 수 있으니 꼭 활용해보길 바란다.

주식 발행으로
자금을 조달하는 기업들

    지금까지 사업보고서 보는 방법을 간략하게 살펴봤다. 이제부터 기업들이 발표하는 주요 공시에 대해 알아보도록 하자. 기업들이 발표하는 주요 공시들은 자금조달과 관련된 것들이 많다. 향후 영업활동이나 신사업 투자, 부채 상환 등을 위해 기업은 여러 방법을 강구해 자금을 확보하려고 한다.

    기업이 주로 활용하는 자금조달 방법 중 하나가 바로 '증자(增資)'다. 증자의 사전적인 의미는 주식회사 혹은 유한회사가 사업 확장과 운전자금의 보충을 위해 자본금을 늘리는 일인데, 주식회사의 경우 추가로 주식을 발행해 자본금을 늘리는 걸 뜻한다.

    한 기업이 대규모 주주배정 유상증자를 추진하면 시장의 큰 오해를 불러올 때가 많다. 그래서 보통 유상증자 계획을 철회하거나 금액 부담을 줄이는 경우가 생긴다. 투자자들은 유상증자 결정 공시가 난 후 이와 관련된 내용들이 추후에 공시되는지 살펴보는 게 중요하다.

새 주식을 돈 받고 파는 유상증자

증자도 크게 2가지 방법이 있다. 바로 유상증자와 무상증자다. 먼저 유상증자는 새로 발행되는 주식, 즉 신주를 돈을 받아서 파는 행위다. 투자자 입장에선 추가 현금을 지불하면서 그 회사 주식을 더 얻게 되고, 회사 입장에선 투자자들로부터 현금을 얻을 수 있게 되는 것이다. 어찌 보면 기업 입장에선 유상증자를 통해 원금이나 이자 상환 부담이 있는 은행 대출보다 손쉽고 간편하게 자본금을 늘릴 수 있는데, 문제는 주주들에게 발생한다.

예를 들어, A상장사의 발행 주식이 총 1,000주라고 가정해보자. B주주가 현재 A상장사 주식 10주를 갖고 있다면 현재 B의 A상장사에 대한 지분율은 1%(1,000분의 10)가 된다. 그런데 여기서 A상장사가 1,000주만큼의 신주를 추가 발행하는 유상증자를 결정했다면, B의 지분율은 1%에서 0.5%(2,000분의 1)로 줄어들게 된다. 이러한 현상을 지분 희석이라고 하는데, 이 과정에서 1주당 가치도 내려간다.

이 회사의 총 가치가 2,000억 원이고, 총 발행 주식은 1,000주이므로 유상증자 전 주당 가치는 2억 원이 된다. 따라서 B의 주식 가치는 20억 원이다. 그런데 A 상장사가 유상증자를 통해 1,000주의 신주를 발행해 700억 원을 조달하게 되면 회사의 총 가치는 2,000억 원에서 2,700억 원, 총 발행 주식 수는 1,000주에서 2,000주로 늘어난다.

유상증자 후 주당 가치는 2,700억 원에서 2,000주를 나눈 1억 3,500만 원이 되고, 만약 B가 유상증자에 참여하지 않을 경우 B의 주식 가치는 1억 3,500만 원×10주=13억 5,000만 원이 된다. 결국 20억 원에서 13억 5,000만 원으로 주식 가치가 줄어들게 되니, 주주 입장에선 주당 가치 하락으로 인한 손해를 본 것이 된다. 주당 가치가 줄어들어 주식 가격이 조정되는 과정을 권리락이라고 하며, 조정되는 시점을 권리락일이라고 한다.

유상증자는 돈을 어디에 쓰느냐에 따라 호재와 악재가 갈린다. 시설자금으로 공장을 짓거나 신사업에 투자하는 경우 긍정적으로 해석될 수 있는 반면, 채무를 상환하거나 운영자금을 확보하기 위한 목적으로 유상증자를 단행한다면 회사의 현금흐름이 좋지 않다는 신호일 수 있다. 그래서 투자자는 중간중간에 발표되는 유상증자신주발행가액 안내공시를 꼼꼼하게 챙겨보는 게 좋다. 신주 발행가액이 어떤 기준에서 산정되는지, 그리고 바뀌는지 등 모든 정보들을 확인할 수 있으므로 투자자들은 유상증자 결정 공시가 난 후 계속해서 관련 공시가 나오는지 체크해봐야 한다.

한화에어로스페이스 공시로 유상증자 분석해보기

이러한 기업들의 유상증자 계획은 공시로 발표가 된다. 2025년

유상증자 결정

1. 신주의 종류와 수	보통주식(주)	4,267,200
	기타주식(주)	-
2. 1주당 액면가액(원)		5,000
3. 증자전 발행주식총수(주)	보통주식(주)	47,296,201
	기타주식(주)	-
4. 자금조달의 목적	시설자금(원)	700,000,000,000
	영업양수자금(원)	-
	운영자금(원)	-
	채무상환자금(원)	-
	타법인 증권 취득자금(원)	2,218,764,800,000
	기타자금(원)	-
5. 증자방식		주주배정후 실권주 일반공모

		보통주식(주)	684,000		
6. 신주 발행가액	확정발행가	기타주식(주)	-		
	예정발행가	보통주식(주)	-	확정예정일	-
		기타주식(주)	-	확정예정일	

한화에어로스페이스 유상증자 공시   출처: DART

대규모 2조 9,000억 원 규모의 유상증자를 추진했던 한화에어로
스페이스도 유상증자 결정 공시를 냈다. '주요사항보고서(유상증자결

정)'이란 제목의 보고서인데, 첫 공시 후 여러 번 정정보고를 거쳐 확정된 신주 규모와 자금조달 규모가 나와 있다.

이 보고서를 보면 유상증자를 통해 한화에어로스페이스는 신주 426만 7,200주를 발행한다. 이번 유상증자로 모집된 자금 중 7,000억 원은 시설자금, 2조 2,000억 원가량의 자금은 타법인 증권 취득 자금으로 쓰일 계획이다. 신주 발행가액은 1주당 68만 4,000원이며, 신주배정기준일은 2025년 5월 23일이다.

증자 방식에 대해서도 한번 주목해볼 필요가 있다. 유상증자는 주주배정, 제3자배정, 일반공모 총 3가지로 나뉘어 진행된다. 주주배정은 기존 주주를 대상으로 유상증자를 발행하는 신주를 파는 것이다. 제3자배정은 기존 주주가 아닌 제3자를 대상으로, 일반공모는 일반 투자자들을 대상으로 진행된다. 주주배정의 경우 그날까지 주주들에게 자신들의 지분에 비례해 신주를 우선적으로 살 수 있는 권리, 즉 신주인수권을 부여받는다.

증자에 참여하고 싶다면 신주인수권을 보유해 유상증자 청약일에 대금을 납입하면 되고, 참여하고 싶지 않다면 이 신주인수권을 매도할 수 있다. 유상증자로 인한 지분 희석을 막기 위해선 주주들은 신주인수권을 행사하는 게 필요하다. 한화에어로스페이스의 경우 주주배정 후 실권주 일반공모 방식을 택했는데, 주주배정을 우선 실시하고 남은 신주에 대해선 일반공모 방식으로 진행한다는 의미다.

한화에어로스페이스의 경우 기존 유상증자 모집 금액이 총 3조 6,000억 원이었고, 그 규모가 너무 커 주주에게 부담이 된다는 비판이 많았다. 그래서 기존 주주들의 부담을 줄이는 제3자배정 방식으로 한화에너지 등 계열사들이 유상증자에 참여하기로 했다.

무상증자는 호재일까?

유상증자 말고 '무상증자'라는 말도 많이 접해봤을 것이다. 앞서 살펴본 유상증자는 투자자들에게 돈을 받고 신주를 파는 건데, 무상증자는 말 그대로 '무상'으로 투자자들에게 신주를 준다는 걸 뜻한다.

무상증자를 실시하면 본질적으로는 그 기업의 가치는 올라가지 않지만 '우리가 공짜로 주식을 나눠줄 만큼 재무적으로 튼튼해요!'란 시그널을 주는 것이니 투자자들은 무상증자를 긍정적으로 바라본다. 또한 그간 거래량이 적었던 기업이 무상증자를 실시하면 그만큼 주식 유통량이 늘어나게 되므로 향후 주가 상승을 기대할 수 있는 요인으로 작용한다.

무상증자는 이사회 결의를 통해 기존 기업의 자본잉여금을 자본금 계정으로 전입해 자본금을 늘리는 조치다. 이렇게 실시되는 무상증자는 보통 주주가치 제고와 주주환원을 위해 실시된다. 주식을 공짜로 나눠주는 만큼 주주들에게 그간 벌었던 이익을 주식으로 더 돌려주겠다는 것으로, 주식으로 배당을 준다는 개념과 같은 것으로 볼 수 있다.

공시를 하나 살펴보자. 국내 세금 환급 기업인 글로벌텍스프리

무상증자 결정

1. 신주의 종류와 수	보통주식(주)	9,167,295
	기타주식(주)	-
2. 1주당 액면가액(원)		500
3. 증자전 발행주식총수	보통주식(주)	61,116,035
	기타주식(주)	-
4. 신주배정기준일		2025년 01월 02일
5. 1주당 신주배정 주식수	보통주식(주)	0.1499999
	기타주식(주)	-
6. 신주의 배당기산일		2025년 01월 01일
7. 신주권교부예정일		-
8. 신주의 상장 예정일		2025년 01월 21일
9. 이사회결의일(결정일)		2024년 12월 09일
- 사외이사 참석여부	참석(명)	2
	불참(명)	-
- 감사(감사위원)참석 여부		참석

글로벌텍스프리의 무상증자 공시

는 2024년 12월 9일 보통주 1주당 0.15주를 배정하는 무상증자를 결정했다고 공시했다. 총 발행되는 신주는 보통주 916만 7,295주이며, 신주배정기준일은 2025년 1월 2일이다. 무상증자 전 보통주는 6,111만 6,035주가 있는데 무상증자를 실시하면 총 7,028만 3,330

주로 늘어난다. 무상증자의 신주 발행엔 주식발행초과금(자본잉여금) 45억 8,000만 원이 재원으로 사용된다.

무상증자를 실시하면 일시적으로 주가가 상승한다. 하지만 무상증자로 하염없이 주가가 상승세를 유지하는 건 아니다. 류두진 성균관대학교 경제학교 교수 등은 2008년 9월부터 2015년 12월가지 코스피, 코스닥시장에서 주식분할과 무상증자를 공시한 기업들을 분석했는데, 실제로 무상증자의 공시정보 효과가 주식분할보다 더 큰 것으로 나타났다. 즉, 정보효과로 무상증자 공시 후 며칠 정도는 주가가 상승해 어느 정도 수익이 발생했다는 것이다.

하지만 무상증자 공시 후 10거래일이 지나면 수익률이 0%, 즉 주가가 제자리로 돌아오게 된다고 분석한다. 이를 종합해보면 결국 무상증자로 인한 주가 상승은 일시적인 것에 그친다는 것이다. 무상증자를 하면 주식배당 형태로 기존 주주들이 주주환원의 과실을 얻게 되지만 무상증자를 단행한다고 해 주가가 상승하는 걸 보고 무작정 신규 투자하면 위험할 수 있다.

기업들도
사채를 발행한다고?

    기업들이 자금을 마련하는 방법은 증자 외에도 많다. 은행에서 대출을 받거나 기관 투자자들을 대상으로 채권을 발행하는 등 다양한 방법으로 경영에 필요한 자금을 조달한다. 투자자라면 흔히 주요사항보고서(전환사채권발행결정)란 공시를 종종 목격할 수 있을 것이다.

    보고서 제목 그대로 기업이 전환사채 발행을 결정했다는 것인데, 여기서 이 전환사채란 무엇일까? 지금부터 할 얘기는 기업들이 자금을 조달하는 또다른 방법인 사채(社債)에 대한 것이며, 이에 대한 공시가 자주 나오는 편이므로 투자자들은 이를 꼭 알아둬야 한다.

    사채란 쉽게 말해서 회사가 발행하는 채권을 뜻한다. 그런데 전환사채 등엔 조금 다른 의미가 담겨 있다. 기본적으로 만기가 도래하면 이자와 원금을 지급받는 채권의 성격을 띠고 있지만 특정 조건, 혹은 권리를 행사하면 주식으로 전환될 수 있는 특이한 구조를 갖고 있다. 이를 '주식연계채권'이라고 하는데, 앞서 말한 전환사채는 이 주식연계채권에 해당한다.

주식연계채권 종류로는 교환사채, 신주인수권부사채 등이 더 있다. 기업들이 주식연계채권을 발행하는 이유는 다양하다. 은행 대출이나 주식을 발행하는 것보다 더 낮은 비용으로 자금을 조달할 수 있기 때문이다. 또한 주식연계채권도 결국 채권이기에 증자로 조달하는 것보다 주주들의 경영 간섭을 덜 받을 수도 있다.

전환사채, 주식으로 바뀐다

자, 그럼 전환사채부터 살펴보도록 하자. 전환사채는 일정 시간이 지나면 주식으로 전환될 수 있는 권리가 부여된 사채다. 영어로는 Convertible Bond, CB라고 한다. 전환사채를 만기까지 갖고 있으면 투자자는 이자와 원금을 받을 수 있지만, 중간에 전환청구권을 행사한다면 채권을 주식으로 받을 수 있다.

주식으로 전환되는 기준가(전환가액)는 '리픽싱(refixing)'이라는 가격 재조정 과정을 통해 조절될 수 있다. 전환사채 투자자는 주식시장이 활황일 때는 채권을 주식으로 전환해 이득을 볼 수 있을 것이다. 반대로 침체일 때는 이를 전환하지 않고 채권으로 만기까지 보유할 수 있다.

전환사채권 발행결정

1. 사채의 종류		회차	40	종류	기명식 무이권부 무보증 사모 전환사채
2. 1주당 액면가액(원)		6,120,000,000			
2-1. 정관상 잔여 발행한도(원)		299,531,755,108			
2-2. (해외발행)	권면(전자등록)총액(통화단위)	-			
	기준환율등	-			
	발행지역	-			
	해외상장 시 시장의 명칭	-			
3. 자금조달의 목적	시설자금(원)	-			
	영업양수자금(원)	-			
	운영자금(원)	-			
	채무상환자금(원)	-			
	타법인 증권 취득자금(원)	6,120,000,000			
	기타자금(원)	-			
4. 사채의 이율	표면이자율(%)	0.0			
	만기이자율(%)	3.0			
5. 사채만기일		2028년 09월 16일			
6. 이자지급방법		본 사채의 표면이자는 연 0%이며, 별도의 이자지급 기일은 없는 것으로 한다.			
7. 원금상환방법		만기까지 주식으로 전환하지 않고 보유하고 있는 본 사채의 원금에 대해서는 만기일인 2028년 09월 16일에 권면금액의 109.3806%(소수점 넷째자리 미만 절사)에 해당하는 금액을 일시 상환하되 원단위 미만은 절사한다.			

유니켐 전환사채 발행결정 공시

공시를 하나 살펴보도록 하자. 코스피 상장사 유니켐의 전환사채권발행결정 공시다. 유니켐은 타법인 증권 취득자금을 목적으로 제40회차 전환사채를 발행하는데, 규모가 61억 2,000만 원이다. 전환사채의 만기이자율은 3%이며, 만기일은 2028년 9월 16일이다. 전환가액은 주당 1,656원이며 전환청구는 2026년 9월 16일부터 2028년 8월 16일까지 가능하다. 즉, 전환사채의 발행일로부터 12개월이 되는 날부터 주식으로 전환 가능하고 1주당 1,656원의 주식을 가져갈 수 있다는 뜻이다.

조기상환청구권 '풋옵션'과 매도청구권 '콜옵션'

전환사채를 살펴볼 때 한 가지 살펴볼 게 있다. 바로 옵션 사항이다. 전환사채에는 조기상환청구권인 '풋옵션'과 매도청구권인 '콜옵션'이 붙는 경우가 많다. 쉽게 말해 풋옵션은 투자자의 회수권, 콜옵션은 회사의 회수권이다. 풋옵션은 투자자가 회사에 전환사채를 조기에 상환하라고 요청할 수 있는 권리다. 유니켐의 경우 사채 발행일로부터 24개월이 되는 2027년 9월 16일 이후 매 3개월에 해당하는 날에 사채의 만기 전 조기상환을 청구할 수 있다고 돼 있다.

반대로 콜옵션은 전환사채를 발행한 회사가 갖는 권리다. 회사가 투자자들로부터 전환사채를 다시 사갈 권리를 뜻한다. 콜옵션은 특히 대주주가 지분율을 늘리거나 방어하는 수단으로 활용되기도 한다. 유니켐도 콜옵션을 부여했고, 2026년 9월 16일부터 12월 16일까지 매 1개월에 해당하는 날마다 권면총액 20%를 총 한도로 콜옵션을 행사할 수 있도록 돼 있다.

신주인수권부사채, 채권과 신주에 투자한다

다음으로 신주인수권부사채(Bond with Warrant, BW)에 대해 알아보자. 신주인수권부사채는 회사채에 신주를 인수할 수 있는 옵션을 부여한 사채다. 신주인수권은 일정 기간 안에 사채를 발행한 회사의 신주를 인수할 수 있는 권리를 뜻한다.

언뜻 보면 전환사채와 비슷해 보이지만 분명한 차이가 있다. 전환사채는 주식으로의 전환을 청구하면 별도의 대금 납입 없이 채권이 주식으로 전환된다. 하지만 신주인수권부사채는 신주인수권만 부여된 사채이기 때문에 추가 대금을 납부하고 신주를 받고, 채권은 남게 된다.

즉, 기존 채권이 사라지지 않는다는 것이다. 기업 입장에선 신주인수권이란 조건을 부여하면서 낮은 이율로 투자자들로부터 자금을 조달할 수 있고, 투자자들 입장에선 채권의 만기 수익을 누릴 수 있는 동시에 신주인수권을 행사해 추가적인 주식을 살 수 있는 것이다.

조금 더 살펴보자면 신주인수권부사채의 종류엔 분리형과 비분리형이 있다. 분리형은 사채와 신주인수권을 따로 떼서 매매할 수 있는 반면 비분리형은 이 둘이 항상 같이 움직인다. 때문에 비분리형은 사채와 신주인수권을 분리해서 매매할 수 없다. 분리형은 투자자가 향후 신주를 매각해도 보유 채권이 그대로 남고, 비분리형은 신주를 매각하면 보유 채권이 소멸한다. 현행 상법에선 비분리형을 원칙으로 하지만, 이사회에서 신주인수권만 양도할 수 있다고 결의하면 분리형 신주인수권부사채 발행도 가능해진다.

이번에도 실제 공시를 좀 살펴볼 텐데 그 전에 배경적인 맥락을 먼저 보도록 하자. 2024년 11월 코스피 상장사인 롯데에너지머티리얼즈가 스틱스페셜시츄에이션원(스틱)이 보유한 롯데이엠글로벌 지분 13.79%를 3,290억 원에 사기로 했다. 원래 롯데에너지머티리얼즈는 롯데이엠글로벌의 지분 86.21%를 갖고 있었는데, 스틱의 지분까지 모두 사들여 롯데이엠글로벌 지분 100%를 확보해 경영권 강화에 나선 것이다. 이때 롯데에너지머티리얼즈는 3,290억 원의 자금 마련을 위해 롯데에너지머티리얼즈 보통주 625만 4,628주를 스틱에 유상증자 방식으로 배정하고, 나머지는 1,500억 원 규모의 신주인수권부사채를 발행했다.

자, 그러면 이 상황을 염두에 두고 롯데에너지머티리얼즈의 신주인수권부사채 공시를 한번 살펴보자. 사채는 1,500억 원 규모로 발행되고 만기일은 2055년 2월 25일이다. 사실상 영구채권과 다름없는 것이다. 사모로 발행되는데, 이는 스틱이 대상이다. 신주인수권 행사가액은 2만 8,612원이며, 스틱이 신주인수권을 행사하면 롯데에너지머티리얼즈 주식 524만 2,555주를 받게 된다. 발행 목적은 타법인 증권 취득자금, 즉 롯데이엠글로벌 지분 매입을 위한 것인 셈이다.

좀 어려운 내용들이었지만 기업이 왜 신주인수권부사채를 발행하고 어떤 목적으로 자금 조달에 나서는지는 모두 이렇게 공시를 통해 파악할 수 있다. 롯데에너지머티리얼즈에 투자하고 있던 사람들이라면 이 공시는 꼭 이해할 필요가 있었을 것이다. 그러므로 투자자라면 미리 신주인수권부사채와 관련된 공시가 어떤 것인지 이해하고 있어야 한다.

교환사채, 보유 주식을 준다

다음으로 교환사채(Exchange Bond, EB)에 대해 알아보자. 교환사채는 회사의 주식 혹은 보유한 자회사나 제3자의 주식으로 교환청구를 할 수 있는 권리가 부여된 채권이다. 투자자가 주식으로의 전환을 요구할 때, 전환사채는 새로운 주식을 발행해주는 반면 교환사채는 기존의 보유 주식을 준다.

즉, 회사 입장에선 신주를 발행할 필요가 없다는 소리다. 전환사채는 주식으로 바뀔 때 부채가 자본으로 바뀌면서 재무구조가 개선되지만, 교환사채는 자산과 부채가 동시에 줄어드는 효과가 있다. 또한 전환사채와 신주인수권부사채는 신주가 발행되므로 기존 주주 입장에서 보유 주식의 가치가 떨어질 가능성이 있지만 교환사채는 그렇지 않다. 교환사채 투자자 입장에서 상승장에 보유 채권을 주식으로 전환하면 수익을 볼 수 있고 그렇지 않으면 계속 채권을 보유해 만기 때 원금과 이자수익을 받으면 된다.

교환사채도 공시를 통해 살펴보도록 하자. SK케미칼은 2025년

교환사채권 발행결정

1. 사채의 종류		회차	1	종류	무기명식 무보증 사모 교환사채
2. 사채의 권면(전자등록) 총액(원)					220,000,000,000
2-1. (해외발행)	권면(전자등록)총액(통화단위)	-			-
	기준환율등				-
	발행지역				-
	해외상장시 시장의 명칭				-
3. 자금조달의 목적	시설자금(원)				-
	영업양수자금(원)				-
	운영자금(원)				-
	채무상환자금(원)				220,000,000,000
	타법인 증권 취득자금(원)				-
	기타자금(원)				-
4. 사채의 이율	표면이자율(%)				0.0
	만기이자율(%)				0.0
5. 사채만기일					2030년 10월 20일
6. 이자지급방법					본 사채의 표면이자는 0.0%이며, 별도의 이자지급 기일은 없습니다.
7. 원금상환방법					2030년 10월 20일(상환기일)에 본 사채 원금의 100%에 해당하는 금액을 일시 상환한다. 단, 상환기일이 은행영업일 아닌 경우에는 그 다음 은행영업일로 하고, 상환기일 이후의 이자는 계산하지 아니한다.
8. 사채발행방법					사모
	교환비율(%)				100.00
	교환가액(원/주)				57,555

SK케미칼의 교환사채 공시

9월 교환사채 발행을 결정했다고 공시했다. 발행규모는 2,200억 원이다. 발행된 교환사채는 채무 상환 자금으로 쓰이게 되고, 2030년 10월 20일 만기일에 원금 100%를 일시 상환하게 된다. 투자자가 주식으로 교환을 청구하면 자회사인 SK바이오사이언스의 주식으로 받게 된다. 교환가액은 기준일 주가를 바탕으로 115% 수준인 주당 5만 7,555원이다. 투자자는 2025년 11월 20일부터 2030년 9월 20일까지 교환 청구를 할 수 있다.

주주환원과 M&A도
공시로 파악하자

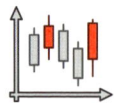

　지금까지 기업이 어떻게 자금을 조달하는지 다양한 예시들과 함께 살펴봤다. 이젠 기업의 주주환원과 관련된 내용을 담고 있는 공시들을 살펴보도록 하자. 앞서 잠시 언급했지만 코리아 디스카운트 해소를 위해 최근 기업들이 주주친화적 정책과 더불어 다양한 주주환원책을 내놓고 있다. 기존 주주들에게 공짜로 주식을 배당 형태로 주는 무상증자를 포함해 자사주 매입·소각, 감액배당 등 다양한 방법으로 영업활동에 따른 과실을 나눠주고자 노력하고 있다는 소리다.

주주환원의 꽃, 자사주 소각

그중 자사주 소각은 가장 강력한 주주환원 정책으로 평가받는다. 자사주를 소각하면 그만큼 주식시장에서 거래되는 유통 주식 수가 줄게 되니 기존 주주의 주당 가치가 올라가는 효과가 발생한다. 자사주 소각은 주식시장에서는 호재로 작용하고, 주가 상승의 촉매제가 된다. 후사토닉 파트너스 CEO인 윌리엄 손다이크는 《현금의 재발견》에서 '역사상 유명했던 미국 CEO들은 주당순이익 증가에 집중했고 그 방법으로 자원배분, 분권화, 자사주 매입 및 소각 등을 활용했다'고 설명한다. 그는 캐피털 시티스 방송사의 사례를 들며 수년간 자사주를 사들였고 덕분에 19년간 연평균 22.4%의

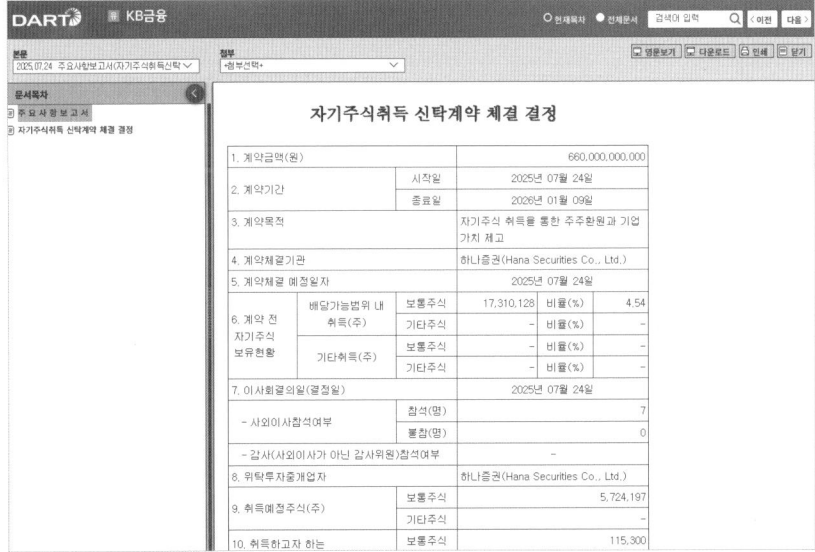

KB금융의 자사주 신탁계약 체결 결정 공시 내용 　　　　　　　　　출처: DART

놀라운 수익률을 기록했다고 분석했다.

국내에서도 많은 기업들이 자사주 소각을 통해 주주환원에 앞장서고 있다. 특히 국내 은행, 보험, 증권 등 금융사들이 자사주 소각을 통해 주주환원을 이어나가고 있다. 국내 대표 은행주로 손꼽히는 KB금융은 2022년부터 꾸준히 자사주 매입 및 소각 규모를 늘리고 있다. 기업가치 제고 계획에 따라 자사주를 소각하고 지속적으로 주주들에게 현금배당을 진행하고 있다. KB금융뿐 아니라 신한, 하나, 우리금융 등도 자사주 매입 및 소각을 통해 주주환원에 앞장서고 있다.

감액배당, 주주환원 트렌드로 자리잡다

또 하나의 주주환원 방법은 바로 배당이다. 배당은 기업이 영업활동으로 벌어들인 이익의 일부를 주주들에게 나눠주는 것을 의미한다. 주주들 입장에서는 일종의 보상과도 같은 것인데, 배당은 주로 현금 혹은 주식 배당 형태로 이뤄진다. 배당 규모, 지급 방식 등은 이사회, 그리고 주주총회의 승인에 따라 최종적으로 결정된다.

기업이 얼마나 배당을 하고 있는지를 확인하려면 배당성향을 살펴보는 게 중요하다. 배당성향은 기업들이 일정 기간 동안 벌어들인 순이익 중 주주들에게 지급되는 배당금 총액이 차지하는 비율을 뜻한다. 배당성향이 높다는 건 기업의 이익을 주주들에게 많이 되돌려준다는 걸 의미한다. 시가배당률과 혼동될 수 있는데, 시가배당률은 주주 입장에서 투자금 대비 얼마만큼의 배당 수익을 얻을 수 있는지를 나타내는 것이고, 배당성향은 기업 입장에서 이익을 얼마나 주주들에게 돌려줄 수 있는지를 나타내는 것이다.

배당성향을 높게 유지하는 기업은 안정적인 현금흐름을 바탕으로 주주들에게 이익을 돌려주는 곳으로 시장의 높은 평가를 받는다. 특히 주당배당금을 늘려가는 기업은 장기 투자로 적합한 미국식 우량 성장주의 모습을 갖췄다는 평가를 받게 된다. 예를 들어, 반도체 핀과 소켓을 만드는 리노공업은 매년 높은 배당성향(30~40%대)을 유지해 장기 투자자들의 주목을 받고 있다.

최근엔 감액배당에 나서는 기업이 많아지고 있다. 어감상 자칫 '배당을 줄인다'는 걸로 들릴 수 있겠지만, 감액배당은 자본준비금을 줄여(감액해) 이익잉여금으로 옮기고 주주들에게 배분하는 배당 방식을 일컫는다. 조금 더 설명하자면 자본준비금은 주식 발행 시 액면가를 초과한 금액 등으로 구성된 회계상 자본 항목 계정이다. 이를 보호하는 차원에서 직접 현금으로 꺼내 쓰거나 배당에 사용할 수 없는데, 주주총회 승인을 거쳐 이 자본준비금을 이익잉여금으로 바꾸면 배당의 재원으로 쓸 수 있게 된다.

주주들이 감액배당을 통해 배당금을 받으면 실질적인 배당 수익이 증가하는 효과를 받는다. 영업활동으로 벌어들인 이익잉여금을 재원으로 하는 일반배당에는 배당소득세 15.4%가 적용된다. 하지만 주식발행초과금과 같이 자본준비금을 감액해주는 배당은 세법상 배당소득에 포함되지 않는다. 자본거래로 인한 소득으로 잡히기에 비과세다. 이는 일반 주주들뿐 아니라 최대주주들에게도 이득인 배당 방식이다. 최대주주 입장에서 거액의 배당을 받더라도 종합소득세 혹은 증여세 부담을 덜면서 막대한 현금을 확보할 수 있게 되기 때문이다.

감액배당을 실시하려면 주주총회 안건으로 올라가야 하기 때문에 기업은 이를 공시하기 마련이다. 예를 들어, 알서포트는 2025년 9월 주주총회 소집공고를 내며 감액배당 계획을 밝혔다. 감액배당을 위해 자본준비금을 감소시키겠다는 내용을 주주총회 안건으로 상정하겠다는 공시를 내기도 했다. 감액배당 관련 내용은 자본준비금 감소의 건, 자본준비금 감소 승인의 건 등의 이름으로 주주총회 안건이 되므로 공시 내용을 잘 살펴보는 게 필요하다.

매각, 인수·합병도 공시를 한다

기업은 간혹 다른 기업 혹은 사업부를 매각하거나 인수·합병을 한다. 매각이나 인수·합병은 미래 성장을 위한 기업의 중요한 의사결정이고, 주가에도 큰 영향을 줄 수 있기 때문에 투자자에게도 이와 같은 사실을 공시한다. 다만 매각이나 인수·합병 절차가 진행 중인 경우 보통 미확정 공시를 하고, 작업이 완전히 끝났을 때 피인수 기업에 대한 상세한 내용을 공시한다.

이해를 돕기 위해 기업의 M&A 과정을 살펴보자. 기업 혹은 일부 사업부가 M&A 시장에 매물로 나왔을 때 공개입찰 등의 방식을 거쳐 적합한 인수자를 찾는다. 그런 다음 적합한 인수자를 찾고

배타적 우선협상권을 부여한 후 양측이 M&A와 관련된 MOU(양해 각서)를 체결한다. 인수 측은 기업 실사를 통해 매각 대상 물건의 건전성과 사업성 등을 살펴보고, 이상이 없다면 매각 측과 주식매매 계약(SPA)를 체결한다. 이후 대금을 납입하면서 M&A를 마무리짓는다.

아래 공시는 현대위아의 공작기계사업부 매각 관련 공시 내용이다. 언론 보도를 통해 현대위아가 공작기계사업부를 매각한다는 소식이 전해졌다. 거래소는 현대위아 측에 이 소식이 맞는지에 대한 조회공시를 요구하고, 현대위아는 아직 M&A 작업이 끝난 것이 아니기에 조회공시 요구에 대한 답변으로 "당사는 회사의 경쟁력 강화를 위해 사업구조 개편 등 다양한 방안을 검토 중이나, 현재 구체적인 사항은 결정된 바 없다"고 공시했다. 이후 릴슨프라이빗

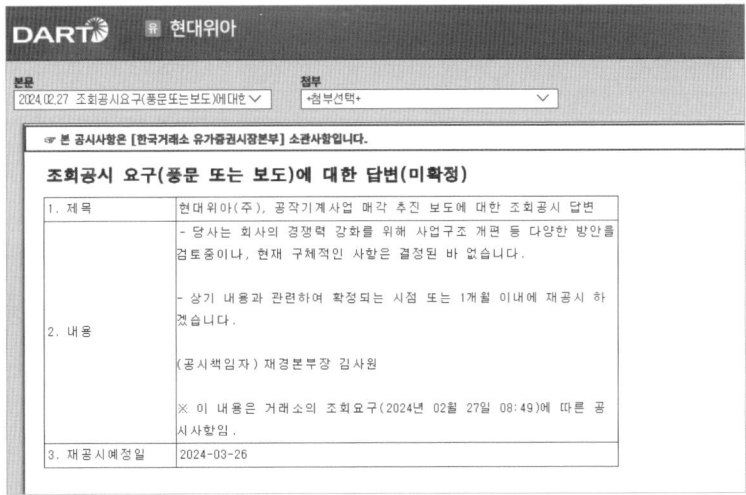

현대위아의 조회공시 요구(풍문 또는 보도)에 대한 답변(미확정) 공시 　　　출처: DART

에쿼티, 스맥 컨소시엄을 매각 우선협상대상자로 선정하고 MOU를 체결했다고 공시했다. 인수자인 코스닥 상장사 스맥도 매매 예정금액 등의 정보가 포함된 MOU 체결을 공시했다.

인적분할, 물적분할이 뭐길래?

기업의 분할도 주요 공시 대상이 된다. 특정 사업부문을 분리해 새로운 회사를 만들 때 기업은 주로 인적분할과 물적분할이란 방법을 사용한다. 신설 회사의 주식을 누가 갖게 되는지에 따라 두 방식이 차이가 난다. 인적분할은 기존 주주들이 신설 회사의 지분을 자신들의 지분율에 맞게 나눠 갖는 방식을 말한다. 두 회사의 주식을 모두 갖게 됐으니 주주가치 훼손이 적고 오히려 이익으로 작용할 가능성이 많다는 평가를 받는다.

반대로 물적분할은 기존 회사가 사업부를 분리하면서 이 신설 회사의 주식 전부를 모회사가 소유하는 방식으로 분할된다. 기존 주주들은 신설 회사의 주식을 갖지 않고 모회사를 통해 이를 간접적으로 갖게 되는 구조다. 인적분할이 수평적 분할이라면 물적분할은 수직적 분할의 형태를 띠고 있다. 물적분할의 경우 모회사가 기존의 지배구조를 유지하면서 안정적인 경영권을 갖는다는 특징이 있지만 주주들이 신설 회사의 주식을 갖지 못해 주주가치가 훼손된다는 단점이 있다.

기업분할이 진행된다면 금융감독원에 관련 내용을 담은 증권신고서를 제출한다. 예를 들어, 2025년 바이오 CDMO 대기업인 삼성바이오로직스는 바이오기술 플랫폼 개발 사업을 영위하는 삼성에피스홀딩스를 인적분할하겠다는 내용을 발표하고 증권신고서를 공시했다. 이 공시에는 향후 분할의 배경, 회사구조 개편에 관한 계획, 분할 일정 및 분할가액, 분할 후 재상장 여부 등 다양한 내용들이 담겨 있다.

　기존 주주들은 인적분할이 진행되면 삼성바이오로직스 1주당 삼성에피스홀딩스 주식 0.3496087주를 받게 되고 나머지 0.6503913주는 삼성바이오로직스 주식으로 교부받게 된다. 아울러 삼성바이오로직스는 관련 증권신고서 정정을 통해 분할신설회사의 설립등기일로부터 5년간 삼성바이오에피스의 상장을 추진하지 않을 것이란 확약 내용까지 공개했다.

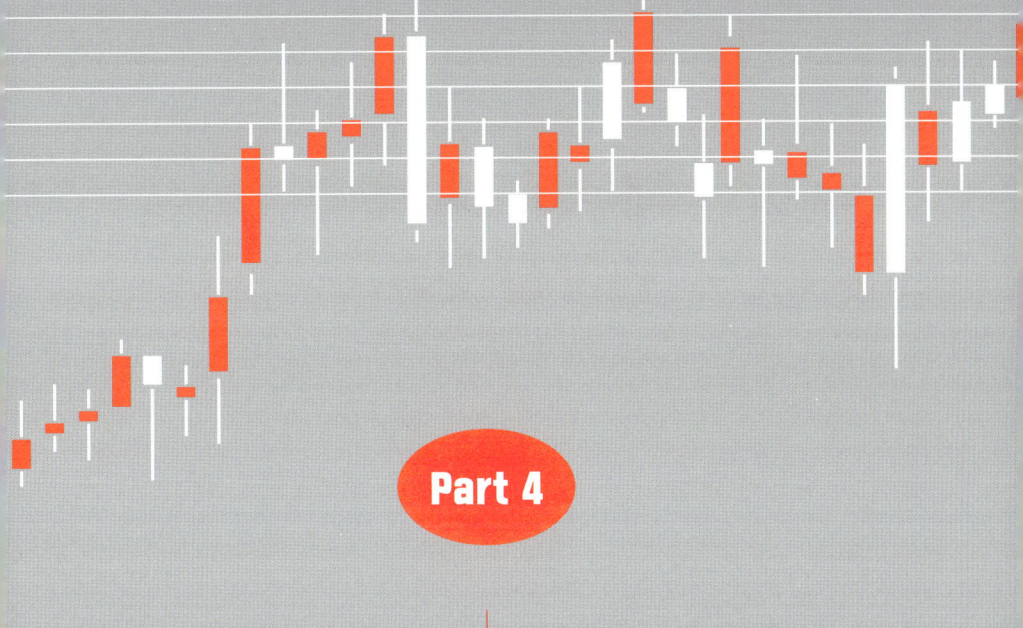

Part 4

저평가 우량 기업
제대로 찾으려면?

재무제표에서
봐야 할 것들

지금까지는 기업이 발표하는 주요 공시를 파악하는 방법에 대해 살펴봤다. 다만 아직 헷갈리는 부분이 있을 텐데, 잠깐 쓱 읽고 넘어갔던 재무제표와 손익계산서일 것이다. 여러 개의 복잡한 숫자들이 표 안에 빼곡히 있어서 상당히 골치가 아플 것 같지만, 실제 투자에 있어 이런 재무구조와 관련된 숫자들과 투자지표들을 제대로 파악하는 건 필수다. 이제부터 기업의 재무구조와 관련된 여러가지 용어와 투자지표에 대해 본격적으로 한번 알아보자.

매출액과 영업이익 살펴보기

기업은 어떤 재화나 서비스를 만들어 수요자에게 판매하고 대가를 지불받게 된다. 이때 '매출'이 발생하게 되며, 모든 판매대금의 합을 '매출액'이라고 한다. 매출액은 어떻게 보면 기업이 수익을 잘 내고 있는지를 판단하는 시작점이 된다. 매출액이 0이면 기업의 존재 가치가 없는 셈이다. 이 매출액은 재화나 서비스를 판매한 금액의 단순 합계를 뜻한다.

그렇지만 매출액이 아무리 크다 한들 재화나 서비스를 만드는 데 필요한 비용을 제외하고 실제로 얼마를 남겼는지가 더 중요하다. 제품의 원가나 판매관리비가 많이 들어가면 오히려 손해를 볼 수 있는 것이다. 이때 등장하는 개념이 바로 '영업이익'이다.

영업이익은 매출액에서 매출원가와 판매관리비를 뺀 것으로, 기업이 영업활동을 통해 얻은 실제 이익이 어느 정도인지 나타내는 지표다. 참고로 매출원가는 어떤 재화나 서비스를 만드는 데 들어가는 직접적인 비용, 그리고 판매관리비는 판매 활동과 관리 등에 쓰인 비용으로 광고비, 임직원 급여 등이 포함된다.

영업이익 = 매출액 - 매출원가 - 판매관리비

A기업이 100억 원의 매출을 냈는데 매출원가와 판매관리비가 각각 50억 원이라면, 이 기업의 영업이익은 0억 원이 된다. 고생은 고생대로 다 하고 남는 게 없는 셈이다. 반대로 B기업은 A기업

과 마찬가지로 100억 원의 매출을 냈는데 매출원가와 판매관리비가 모두 합해서 20억 원이었다면, 80억 원의 영업이익을 낸 것이다. 영업이익을 기준으로 봤을 때 B기업이 A기업보다 수완이 더 좋은 것으로 평가받을 수 있겠다.

영업이익률 비교로 수익성 따져보기

한 기업의 영업 효율성과 수익성 등을 따져보려면 매출액과 영업이익을 직접 비교하는 것도 좋지만, 영업이익을 매출액으로 나눈 '영업이익률'을 살펴보는 것도 하나의 방법이다.

$$영업이익률 = 영업이익 \div 매출액$$

B기업의 경우 매출액이 100억 원이고 영업이익이 80억 원이니, 영업이익률은 80%다. B기업의 경쟁사 C기업의 경우 매출액이 40억 원이고 영업이익이 36억 원이면, 영업이익률은 90%다. B기업에 비해서 당장의 매출액과 영업이익 규모는 적지만 효율성과 수익성 측면에선 C기업이 더 좋다고 평가를 받는다.

기업을 운영하다 보면 영업 외적인 수익과 비용도 생기기 마련이다. 예를 들어, 보유 부동산을 매각해 차익을 거둘 수 있고, 기업이 투자한 곳에서 일정 부분의 투자 손실이 발생할 수도 있다. 이러한 기업의 모든 활동을 종합해 최종적으로 얼마나 이익을 남겼는지를 따져보려면 당기순이익을 살펴보는 것이 좋다. 영업이익에 영업외수익을 더하고 거기에 영업외비용을 뺀다. 그런 다음 법인세까지 빼면 당기순이익이 나온다.

당기순이익 = 영업이익 + 영업외수익 - 영업외비용 - 법인세

당기순이익은 기업의 전반적인 재무 상태를 판단할 수 있는 지표라고 할 수 있다. 간단하게 예시를 하나 들면 앞서 살펴봤던 A기업이 보유 부동산을 매각해 100억 원의 이익을 보고 법인세가 3억 원 나왔다면 A기업의 당기순이익은 97억 원이 된다.

재무제표로 기업의 자산을 뜯어보자

재무상태표 상단에는 여러가지 자산 항목들이 나온다. 자산 항목은 현금화 가능 기간을 기준으로 크게 유동자산과 비유동자산으로 나뉜다. 유동자산은 1년 이내에 현금으로 쓰일 수 있는 자산을 의미한다. 세부적으로 현금및현금성자산, 매출채권및기타채권, 재고자산 등이 있다.

현금및현금성자산
현금및현금성자산에는 어떤 기업이 실제로 갖고 있는 현금, 예금 혹은 단기금융상품들이 포함된다. 직관적으로 기업이 쓸 수 있

는 현금이라는 뜻을 내포하고 있으니 간단하게 언급만 하고 넘어
가도록 하겠다.

매출채권

매출채권은 외상값이라고 이해하면 편하다. 기업이 재화와 서
비스를 팔았는데 아직 그 대금을 돌려받지 못한 금액이다. 매출채
권이 늘었다면 그만큼 기업이 돌려받지 못한 외상값이 늘어났다는
소리다. 기업이 영업활동을 하면 매출이 늘고, 당연히 손님(?)도 많
아지니 외상도 늘어난다. 그렇기 때문에 투자자는 매출액과 매출
채권의 변화 속도를 비교해볼 필요가 있다.

참고로 매출액을 매출채권으로 나눈 걸 매출채권회전율이라고
하는데, 이 매출채권회전율이 높다면 외상값 회수가 빠르게 이뤄
진다는 뜻으로 기업의 재무 안정성이 좋다고 평가받는다. 반대면
그만큼 외상값 회수가 늦어져 기업의 유동성에 문제가 생길 수 있
음을 암시한다.

재고자산

재고자산은 말 그대로 기업이 갖고 있는 재고를 뜻하는데, 여기
에는 완제품뿐 아니라 원재료, 소모품 등도 포함된다. 재고자산이
늘어난 경우를 한번 예로 들어 설명해보겠다. 완제품이 재고로 쌓여
재고자산이 늘어났다면, 투자자는 기업의 영업활동이 제대로 이뤄
지지 않았고 현금 유동성에 문제가 생겼다는 걸 눈치챌 수 있다.

하지만 대규모 제품 공급계약이 체결돼 원재료를 미리 대규모

로 비축해 놓았을 때도 재고자산이 증가한다. 이런 경우는 투자자 입장에선 오히려 기분 좋게 받아들일 가능성이 많다. 즉, 재고자산이 늘어났다고 해서 무조건 좋고 나쁜 게 아니며, 그 원인과 이유를 분석하는 게 더 중요하다는 것을 의미한다.

매출채권과 마찬가지로, 재고자산도 매출액과 비교해 얼마나 회전된 것인지 판단해볼 수 있다. 매출액을 재고자산으로 나눠 재고자산회전율을 구한다. 재고자산회전율이 계속해서 낮아진다면 그만큼 재고자산의 손실 가능성이 높고, 재고 보관 비용이 커져 수익성 악화로 이어질 수 있다는 걸 암시한다.

비유동자산

비유동자산은 회사가 갖고 있는 자산 중 현금화하는 데 1년 이상이 걸리는 자산들을 일컫는다. 비유동자산엔 투자자산, 유형자산, 무형자산 등이 있다. 유형자산은 기업이 영업활동을 위해 오랜 기간 보유하는 물리적 실체가 있는 자산인데, 토지, 기계설비, 차량 등이 포함된다. 유형자산의 특징은 시간이 지날수록 그 가치가 떨어지는, 이른바 감가상각의 과정을 거친다는 것이다. 그리고 감가상각으로 가치가 감소한 부분은 비용으로 인식되고, 매출원가 혹은 판관비로 잡힌다. 한 회사가 유형자산을 취득했거나 처분했다면 어떤 목적으로 했고, 향후 영업활동에 영향을 줄지를 면밀하게 분석해봐야 한다.

무형자산은 물리적 실체가 없는 라이선스, 특허권, 상표권 등을 포함한다. 상표권과 라이선스는 획득 후 영업활동으로 인한 매출이 계속해서 발생되므로 중요한 요소다. 다만 무형자산은 그 자산이 실제로 가치가 있는지 없는지 여부를 따져보기 어려워 재무제표 주석이나 수시공시 등을 통해 정확한 내용을 파악해보는 게 중요하다.

회사가 가진 자본이란?

앞서 자산은 부채와 자본으로 이뤄진다고 설명했다. 자본과 관련해서는 사실 알게 모르게 많이 언급해왔다. 유상증자는 자본을 증가시키고, 감액배당은 자본준비금을 이익잉여금으로 바꾼다고 했는데 이러한 것들이 모두 회사의 자본과 관련된 것이다. 여기서는 자본잉여금, 이익잉여금 정도만 가볍게 파악해보도록 하겠다.

자본잉여금

자본잉여금은 주주와의 거래에서 발생하는 잉여금이다. 회사의 영업활동을 통해 발생하는 이익잉여금과 차이가 있다. 자본잉여금엔 주식발행초과금, 자기주식처분이익, 신주인수권부대가 등이 있다.

하나 예를 들어 살펴보자면 기업의 합병 및 분할, 유상증자 등의 자본거래에서 발생하는 주식발행초과금은 기업이 액면가보다 더 높은 가격으로 주식을 추가 발행할 때 발행하는 차액을 의미한다. 가령 액면가가 500원인 주식이 있는데 2,000원으로 신주를 발행했다면 1,500원의 주식발행초과금이 남는다. 이 주식발행초과금은 배당의 재원이 될 수 없지만 자본으로 전입해 무상증자를 할 수 있다.

이익잉여금

이익잉여금은 기업이 매해 돈을 벌고 남은 돈을 모아가는 과정에서 생긴다. 당기순이익이 발생하면 이를 주주들에게 배당으로 나눠주고 회사에 쌓아 두는데, 이때 생기는 게 바로 이익잉여금이다. 이익잉여금은 기업이 자유롭게 쓸 수 있는 자금인데 미래 산업을 위해 재투자를 하거나 부채를 상환하는 재원으로 쓰일 수 있다.

유보율

자본잉여금과 이익잉여금을 활용해 기업의 유보율을 구할 수 있다. 유보율은 영업활동과 자본거래를 통해 발생한 이익을 기업이 얼마나 보관하고 있는지를 나타내고 있는 비율을 일컫는다. 유보율은 자본잉여금과 이익잉여금을 합한 값을 납입자본금으로 나눠서 구해진다.

유보율 = (자본잉여금 + 이익잉여금) ÷ 납입자본금

납입자본금이란 회사가 주식을 발행할 당시 초기에 모은 자본금을 뜻한다. 유보율이 높다는 건 그간 회사가 활발한 영업활동으로 이익을 차곡차곡 쌓아왔다는 의미로 해석된다. 그래서 유보율이 높은 기업에 대해 투자자는 향후 주주환원에 나설 것이라고 예상할 수 있다.

하지만 몇 년간 계속해서 유보율이 지나치게 높다면 이 기업이 현금만 쌓아 두고 주주환원에 나서지 않겠구나 하는 우려가 생길 수도 있다. 따라서 기업을 분석할 때 유보율만 보지 말고 앞서 봤었던 다른 재무, 투자지표들과 함께 살피면서 기업이 얼마나 성장하는지까지 파악해야 한다.

투자자에게 도움되는 '부채' 활용법

기업이 영업활동을 하다 보면 부채도 쌓이기 마련이다. 이 부채는 얼마나 있는지, 상환 시기가 도래했을 때 잘 갚을 수 있는지 여부에 따라 문제가 될 수도 있고 아닐 수도 있다. 초보 투자자라도 기업의 재무 건전성을 파악하기 위해서는 부채를 잘 분석하는 것이 필요하다.

여러가지 종류의 부채가 있지만 투자에 활용하기 위해서는 부채비율을 구해서 판단해보는 것이 더 좋다. 부채비율은 부채총액에 자기자본, 즉 순자산을 나누면 구해진다. 부채비율이 높으면 그만큼 기업이 채권자에게 갚아야 할 돈이 많다는 소리고, 적으면 반대의 상황이 된다.

부채비율 = 부채총액 ÷ 자기자본(순자산)

앞서 설명한 전환사채, 신주인수권부사채, 교환사채 등 주식연계채권을 발행하면 부채비율이 올라가게 된다. 부채비율이 100%라는 건 회사의 부채총액과 순자산 총액이 같다는 건데, 회사의 자산 절반이 부채, 절반이 자기자본으로 이뤄졌다는 뜻을 나타낸다.

일반적으로 부채비율 100%를 기준으로 그 이하면 재무구조가 우량하고, 그 이상이면 주의할 필요가 있다고 보지만 이 또한 산업구조의 특성상 바뀔 수 있으니 업종 내 경쟁기업들의 부채비율과 다양한 지표들을 활용해 비교해보는 것이 현명하다.

기업 실적,
어떻게 확인할까?

상장사들은 매 분기 매출액, 영업이익, 당기순이익 등의 실적을 공시한다. 투자자들은 이 공시를 통해 기업들이 얼마나 많은 돈을 벌었는지 확인할 수 있다. 특히 실적 공시에는 이전 분기 혹은 작년 같은 기간의 실적이 함께 나와 현재 실적이 얼마나 좋아졌는지 또는 나빠졌는지 쉽게 비교할 수 있다.

분기, 반기 실적 공시부터 보자

일부 기업은 확정 실적을 발표하기 전 잠정 집계한 실적을 발표하기도 한다. 빠르게 경영 성과를 공개해 시장 신뢰도를 높이고 정보의 투명성도 확보하기 위해서다.

국내 대표 반도체주인 SK하이닉스의 2025년 1분기 잠정 실적 공시를 보면, 연결기준 매출액과 영업이익이 각각 17조 6,391억 원, 7조 4,405억 원이다. 표 오른쪽에 전년동기, 즉 2024년 1분기 실적도 나오는데 이때는 매출액과 영업이익이 12조 4,295억 원, 2조 8,860억 원을 기록했고, 각각 41.9%, 157.8% 증가했다. 일반적으로 영업의 계절성과 사이클 등을 고려해 보통 직전 연도의 같은 분기와 실적 비교를 하는 편이다. 당기순이익의 경우 2025년 1분기 8조

SK하이닉스의 2025년 1분기 잠정 실적 공시

1. 연결실적내용		당기실적	전기실적	전년동기 대비증감율 (%)	전년동기실적	전년동기 대비증감율 (%)
구분		(2025년 1분기)	(2024년 4분기)		(2024년 1분기)	
매출액	당해실적	17,639,141	19,767,035	-10.8	12,429,598	41.9
	누계실적	17,639,141	66,192,960	-	12,429,598	-
영업 이익	당해실적	7,440,504	8,082,797	-7.9	2,886,029	157.8
	누계실적	7,440,504	23,467,319	-	2,886,029	-
법인세 비용 차감전 계속사 업이익	당해실적	9,299,229	9,581,415	-2.9	2,372,575	291.9
	누계실적	9,299,229	23,885,350	-	2,372,575	-
당기 순이익	당해실적	8,108,195	8,006,487	1.3	1,917,039	323.0
	누계실적	8,108,195	19,796,902	-	1,917,039	-

단위 : 백만 원, %

※ 동 정보는 잠정치로서 향후 확정치와는 다를 수 있음.　　　　　　　　　　출처: DART

1,081억 원을 시현했는데 전년도 같은 기간에 비해 323% 증가했다.

이후 5월에 발표한 분기보고서에서는 확정 실적을 확인할 수 있다. SK하이닉스의 분기보고서 'Ⅲ. 재무에 관한 사항'-'2. 연결재무제표'-'2-2. 연결 포괄손익계산서'에 들어가면 방금까지 살펴봤던 매출액, 영업이익 등 다양한 정보들을 확인할 수 있다. SK하이닉스의 투자자거나 투자할 생각이 있는 예비 투자자라면 지금 DART에 들어가 SK하이닉스의 분기보고서를 살펴보자.

여기서 왜 기업들의 실적이 중요한 것인지, 그리고 이렇게 비교하는 이유가 무엇인지에 대한 근본적인 의문이 들 것이다. 본인이 투자하고 있는 회사가 계속 이익을 성장시키는지를 파악하기 위함이다. 몇 년 동안 적자가 지속되는 기업에 투자하면 손실 가능성이 커지므로 이익이 증가하는 기업을 선별해 투자하는 게 바람직하다. 이익이 계속 늘어나는데도 시장의 관심을 덜 받아 주가가 그대로인 기업들이 있다. 이런 기업은 언젠가 시장의 재평가를 받는데, 투자 고수들은 기업의 영업활동과 실적을 계속해서 추적해오기에 마음 편히 대박 투자에 성공할 수 있는 것이다.

어닝 쇼크, 서프라이즈는 어떻게 판단할까?

흔히 뉴스에서 '어닝 서프라이즈', '어닝 쇼크'란 말을 많이 들어봤을 것이다. 어닝 서프라이즈는 시장의 기대치보다 높은 실적을 냈다는 뜻이고, 어닝 쇼크는 이와 반대로 기대에 못 미치는 성적표를 받아들었다는 뜻이다. 그렇다면 무엇을 기준으로 어닝 서프라이즈, 어닝 쇼크를 판단할까?

보통 국내외 증권사들이 전망한 분기 실적 전망치가 기준이 된다. 이 실적 전망치는 쉽게 찾아볼 수 있다. Npay 증권(구 네이버 증권) 홈페이지에서 종목 홈페이지에 들어가 '종목분석'이란 탭으로 이동해보면, 중간에 '펀더멘털'이란 부분에서 오른쪽 '어닝서프라이즈' 항목이 있다. 여기서 '컨센서스'가 바로 실적 전망치다.

SK하이닉스로 살펴보면 2025년 4분기 영업이익 컨센서스는 16조 4,641억 원이었는데, 실제로 발표된 건 19조 1,695억 원이었고, 컨센서스보다 약 16.43% 높게 발표가 됐다. SK하이닉스의 경우 어닝 서프라이즈를 냈지만, 다른 기업들은 컨센서스보다 못한 실적을 발표할 경우도 있을 것이다. 투자자는 큰 폭의 어닝 서프라이즈 혹은 쇼크가 났다면 한번 그 원인을 분석하는 것도 필요하다. 일회성 요인으로 실적이 크게 증가한 것인지, 아니면 계속적 요인으로 영업이익이 꺾인 것인지 등을 파악해서 기업의 영업활동을 면밀히 따라가보는 게 현명한 방법이다.

현금흐름 파악하기

앞서 간단하게 설명하고 넘어갔지만 현금흐름표는 기업이 제대로 된 영업활동을 하는지, 주주환원을 하는지 등을 종합적으로 살펴볼 수 있는 요소다. 기업들의 현금흐름은 크게 영업활동현금흐름, 투자활동현금흐름, 재무활동현금흐름 총 3가지로 나뉜다. 현금흐름은 사업보고서의 현금흐름표를 보고 쉽게 확인할 수 있다.

영업활동현금흐름

먼저 영업활동현금흐름은 말 그대로 기업이 영업활동을 하며 창출하는 현금의 흐름을 의미한다. 재화와 서비스를 팔아서 현금을 얻었다면 회사의 곳간에 쌓이는 게 좋기 때문에 영업활동현금흐름은 양의 상태, 즉 플러스(+)인 게 좋다. 당기순이익이 증가하거나 매출채권, 재고자산이 감소하면 영업활동현금흐름이 플러스가 된다. 이 말인 즉, 영업활동을 통해 벌어들인 이익이 늘어났거나 고객들이 기업을 상대로 빌렸던 외상값을 갚았단 뜻이 된다. 반대로 당기순이익이 적자이거나 매출채권, 재고자산이 늘어나면 영업활동현금흐름은 마이너스(-)가 된다.

투자활동현금흐름

투자활동현금흐름은 기업의 투자활동에서 발생하는 현금이 어떻게 흘러가는지를 보여준다. 기업이 미래를 위한 투자를 활발하게 한다면 그만큼 투자활동에 쓰이는 현금이 많이 필요하게 된다. 그래서 대체로 우량하게 성장하는 기업의 투자활동현금흐름은 마이너스(-)를 보인다. 투자활동에 많은 현금을 쓰는 것이다. 신제품을 추가 생산하기 위해 공장을 설립, 즉 유형자산을 취득한다던가 새로운 라이선스나 특허권을 확보하는 게 바로 투자활동이 활발히 이뤄지고 있다는 증거로 읽힌다.

재무활동현금흐름

재무활동현금흐름은 부채, 자본과 관련된 것이다. 기업이 차입금을 갚거나 배당을 주는 등의 재무활동에 얼마나 많은 현금이 움직이는지를 보여준다. 이 같은 활동을 많이 하려면 그만큼 현금을 많이 쓰게 되므로 우량한 재무활동현금흐름은 대체로 음의 상태, 즉 마이너스(-)인 경우가 많다. 다만 현재 쑥쑥 크고 있는 기업의 경우 많은 돈을 빌려야 하므로 간혹 재무활동현금흐름이 플러스가 된다. 이 부분은 항상 기억하고 있어야 한다.

예시로 한번 살펴보자. MLB, 디스커버리 등 유명 패션 브랜드사를 보유하고 있는 F&F는 2022년부터 2024년까지 영업활동현금흐름이 플러스 상태를 보였다. 당기순이익이 큰 폭의 흑자를 낸 게 영업활동현금흐름을 플러스로 만든 주요 요인으로 분석된다. 투자활동현금흐름과 재무활동현금흐름은 마이너스였다. 주로 유·무형 자산을 취득하기 위해 비용이 집행된 것으로 보이는데, 추가 성장을 위해 적절한 설비투자를 하는 건 기업의 이상적인 모습으로 볼 수 있다. 재무활동현금흐름은 단기차입금과 리스부채 상환과 자사주 취득, 배당금 지급 등 주주환원을 위해 마이너스가 된 것이므로 오히려 주주 입장에선 좋다고 볼 수 있다.

잉여현금흐름 FCF

여기서 하나 더 알아봐야 할 것이 있다. 바로 영업활동현금흐름에서 자본지출(CAPEX)을 뺀 잉여현금흐름이다. 약어로 FCF라고 한다. 일단 CAPEX라는 것은 한 기업이 영업활동과 장기적 성장을 위

F&F의 현금흐름표

단위 : 원

	제 4 기(2024년)	제 3 기(2023년)	제 2 기(2022년)
영업활동으로 인한 현금흐름	398,841,092,866	477,023,578,174	369,274,565,704
연결당기순이익	355,959,818,501	425,017,760,533	442,664,517,277
비현금항목 조정	202,422,060,578	205,454,953,331	170,547,951,364
운전자본 조정	-24,086,918,919	-13,061,241,601	-113,869,420,602
이자의 수취	5,851,376,905	5,110,514,877	1,990,387,528
배당금의 수취	12,809,149,536	9,903,301,650	10,371,317,303
이자의 지급	-11,662,228,577	-11,480,488,307	-10,470,774,316
법인세의 납부	-142,452,165,158	-143,921,222,309	-131,959,412,850
투자활동으로 인한 현금흐름	-452,944,744,768	-100,297,870,607	-171,046,471,467
단기금융상품의 순증감	16,025,260,000	-4,838,453,000	-9,549,764,500
단기대여금의 증가	0	-726,203,896	-5,000,000
장기금융상품의 증가	-76,121,010	-101,494,680	-109,952,570
투자증권의 취득	0	-9,127,853,270	-5,401,377,135
투자증권의 처분	6,672,531,105	147,801,887	15,881,599,640
리스채권의 회수	664,762,735	789,216,231	470,649,860
관계기업투자의 취득	-299,177,490	-2,907,000,000	-12,579,421,878
관계기업투자의 처분	0	2,961,680,630	0
유형자산의 취득	-434,640,658,577	-23,232,509,595	-17,924,057,340
유형자산의 처분	46,081,749	257,799,999	0
무형자산의 취득	-64,298,833,540	-50,741,800,765	-36,939,308,708
무형자산의 처분	0	72,662,342	500,000,000
보증금의 증가	-281,050,330	-1,523,991,781	-22,931,375
보증금의 감소	2,249,190,813	3,183,352,656	1,334,663,753
장기보증금의 증가	-4,230,073,491	-16,510,467,333	-6,146,424,853
장기보증금의 감소	277,823,645	1,098,682,942	858,548,354
기타비유동자산의 증가	0	-149,292,974	0
기타비유동자산의 감소	0	1,050,000,000	0
사업결합으로 인한 현금흐름	0	0	-101,413,694,715
연결범위변동으로 인한 현금흐름	24,945,519,623	0	0
재무활동으로 인한 현금흐름	-44,916,280,670	-261,290,423,112	-108,941,319,951
단기차입금의 차입	341,936,000,000	188,062,200,000	310,987,170,000
단기차입금의 상환	-234,500,000,000	-352,620,650,000	-325,930,930,000
장기차입금의 차입	225,000,000	0	0
리스부채의 상환	-54,310,661,220	-47,010,617,512	-36,430,059,951
자기주식의 취득	-33,423,959,750	0	-15,478,211,000
배당금의 지급	-64,842,659,700	-61,028,385,600	-42,089,289,000
종속기업 유상증자	0	11,307,030,000	0
현금및현금성자산의 순증감	-99,019,932,572	115,435,284,455	89,286,774,286
기초 현금및현금성자산	219,989,971,000	101,981,078,829	14,565,387,864
현금및현금성자산의 환율변동효과	-1,137,489,104	2,573,607,716	-1,871,083,321
기말 현금및현금성자산	119,832,549,324	219,989,971,000	101,981,078,829

출처: DART

해 취득하는 건물, 장비, 공장 등의 고정자산과 이를 개·보수할 때 사용되는 자금을 말한다.

영업활동으로 창출된 현금에서 이 CAPEX를 빼면 실제로 이 기업이 자유롭게 사용할 수 있는 현금인 FCF가 남는다. 따라서 기업이 무리하게 CAPEX를 늘린다면 FCF가 마이너스가 되는 상황이 올 가능성이 크다.

잉여현금흐름(FCF) = 영업활동현금흐름 − 자본지출(CAPEX)

FCF는 실질적으로 이 기업이 재무적으로 건전한지 보여준다. 또한 장기적으로 FCF가 양호하다면 그만큼 기업의 현금 창출능력이 좋다는 걸 보여준다. FCF는 재투자 재원, 주주환원, 부채 상환 등에 쓰일 수 있기에 주목할 만한 지표로 쓰인다. FCF가 마이너스가 될 경우도 있다. 이 경우 FCF가 추세적으로 마이너스인지, 혹은 일회성인지 아니면 기업이 현재 성장단계에 있는지, 전방산업 환경은 어떠한지 등을 모두 고려해서 해석해봐야 한다.

꼭 알아야 하는
투자지표들

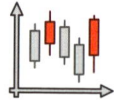

기업의 주가는 어떻게 결정되는 걸까? 주가는 기업들이 벌어들이는 이익과 밀접하게 연관돼 있다. 결론부터 말하자면 주가는 주당순이익(EPS)에 주가수익비율(PER)을 곱해서 만들어진다.

주가＝주당순이익(EPS)×주가수익비율(PER)

주당순이익은 한 회사가 1년 동안 벌어들인 당기순이익을 총 발행된 주식 수로 나눈 값이다. 앞서 말한 주당 가치와 같은 개념으로 주당순이익이 높다면 기업의 수익성이 좋다는 걸 의미한다. 자주 사용하는 투자지표로는 주가수익비율 PER, 주가순자산비율 PBR, 자기자본이익률 ROE 등이 있다.

주가를 산출하는 주가수익비율 PER이란?

그렇다면 주가수익비율인 PER은 무엇일까? PER은 기업의 시가총액을 당기순이익으로 나눈 값이다.

주가수익비율(PER) = 시가총액 ÷ 당기순이익

PER은 기업이 벌어들이는 이익과 비교해 주가가 현재 어떤 수준인지 알려주는 지표다. PER이 높다면 기업이 벌어들이는 이익보다 현재 주가가 비싸다, 즉 고평가되어 있다는 뜻이다. 반대로 PER이 낮다면 이익보다 현 주가가 싸다는 뜻이다. 즉, 저평가된 기업임을 암시한다.

그렇다면 PER이 낮다고 무조건 다 싸고 좋은 주식일까? 그건 아니다. PER이 낮지만 주가가 오르지 않는 경우도 많다. 저수익 업종이거나 혹은 기업의 주가가 재평가 받지 못하고 장기적으로 횡보하거나 하락하는 '밸류트랩(Value Trap)' 현상에 빠진 것이 원인일 수 있다. 대주주 혹은 경영 잠재 리스크가 커 PER이 높지 않게 책정될 수도 있다. 또 기업이 부동산 매각차익이나 투자수익으로 영업외수익이 늘어난다면 PER이 낮아진다. 이때 저평가 착시가 나타나는데 이를 경계할 필요가 있다.

또 적정 PER을 어떻게 잡느냐는 각 업종마다 평균치가 달라 'PER 10배면 싸다'라는 단정적이고 절대적인 기준을 정하기가 매우 어렵다. 미래 수익 기대가 높은 성장주의 경우 PER이 높게 형성되고, 이보다 성장성은 덜 하지만 안정성이 확보된 곳들은 대체로 PER이 낮게 형성되기도 한다. 이러한 여러가지 이유들이 있기 때문에 초보 투자자는 PER의 성격을 잘 이해하고 활용하는 게 필요하다.

참고로 각 종목의 PER은 증권사 HTS, MTS 혹은 한국거래소 정보데이터시스템(data.krx.co.kr), 네이버에서 서비스하는 nPay 증권 홈페이지 등에서도 쉽게 확인해볼 수 있다. 예를 들어, 신한투자증권 HTS에서 리노공업 종목을 '주식현재가' 메뉴에 검색해보면 중간에 'PER/EPS/신용'의 숫자를 확인해볼 수 있다. 이를 더블클릭하면 리노공업의 '펀더멘탈' 창이 뜨면서 연간 혹은 분기별 매출액과 영업이익, 그리고 PER을 포함한 각종 투자지표들을 확인해볼 수 있다. 실시간 PER도 증권사 HTS 및 각종 홈페이지에서 알아볼 수 있으니 꼭 참고해두자.

저PBR이면 무조건 저평가된 주식일까?

주식투자에 조금 관심이 있었다면 아마 뉴스나 신문 등을 통해 '저PBR'이란 말을 접해본 적이 있을 것이다. 저PBR은 말 그대로 PBR이 낮다는 것인데, 그럼 PBR은 정확히 어떤 개념일까? EPS, PER이 주가를 구성하는 요소들이기 때문에 주요 투자지표로 많이 활용되지만, 이외에도 다양한 투자지표들이 있는데 대표적인 것이 PBR이다.

주가순자산비율 PBR은 기업의 가치 판단 지표 중 하나인데, 현재 주가가 기업이 갖고 있는 총 자산가치에 비해 몇 배인지를 나타내는 것이다. PER이 주가 대비 기업이 벌어들인 수익을 나타낸다면, PBR은 주가 대비 기업이 가진 자산이 어느 정도인지를 나타내는 지표인 셈이다.

PBR이 1이라는 뜻은 기업이 가진 자산을 전부 팔았을 때 딱 투자금만큼만 회수할 수 있다는 걸 나타낸다. PBR 값이 1보다 작다는 건 회사의 자산을 전부 팔아도 투자금보다 남는 돈이 많다는 걸 의미한다. 여기서 알 수 있는 것은 PBR이 1보다 낮다는 건 재무상태와 비교했을 때 주가가 낮다는 것이며, 반대로 PBR이 1보다 높으면 주가가 고평가를 받고 있다는 것이다. 즉, PBR은 기업이 청산될 때의 가치를 나타내므로 주가의 바닥이 어디인지를 판단할 때 유용하게 쓰이는 투자지표다.

PER과 마찬가지로 주당순자산가치(BPS)에 주가순자산비율(PBR)을 곱하면 현재 주가가 도출된다. 즉, 여기서 BPS는 기업의 순자산을 발행하는 주식 수로 나눈 값으로 청산 가치의 기준이 된다. BPS가 꾸준히 높고 상승한다는 건 기업이 이익을 쌓으면서 내부 자산을 공고히 하고 있다는 뜻이다.

주가 = 주당순자산가치(BPS) × 주가순자산비율(PBR)

주당순자산가치(BPS) = 기업의 순자산 ÷ 발행하는 주식 수

예시를 보면서 한번 이해해보자. 2024년 말 기준 현대차의 BPS

는 41만 3,500원이다. 2020년 BPS가 26만 6,900원이었는데, 4년 만에 약 55% 늘어났다. 하지만 그럼에도 현대차의 PBR은 0.4~0.7배 수준에 계속 머물러 있었다. 즉, 현대차는 매년 이익을 내서 BPS를 높였음에도 주가가 이를 충분히 반영하지 못했다는 소리다. 전형적인 자산주이자 '저PBR' 종목 특성을 갖고 있었던 것인데, 코스피가 재평가를 받으면서 그간 PBR이 낮았다는 사실이 부각됐고 PBR 1배를 넘어서는 수준까지 주가가 상승하게 됐다.

PER의 경우 당기순이익이 커질수록 낮아지는 경우가 있다. 그렇다면 PER과 마찬가지로 PBR이 낮다고 무조건 저평가된 주식이라고 볼 수 있을까? 그건 아니다. 기업이 보유한 자산은 많지만 수익성이 떨어지는 경우 PBR이 낮게 평가될 수 있다. 예를 들어,

	2020년	2021년	2022년	2023년	2024년
주당순자산가치 (BPS)	26만 6,900원	28만 9,600원	31만 5,100원	35만 1,800원	41만 3,500원
주가순자산비율 (PBR)	0.72배	0.72배	0.48배	0.58배	0.51배

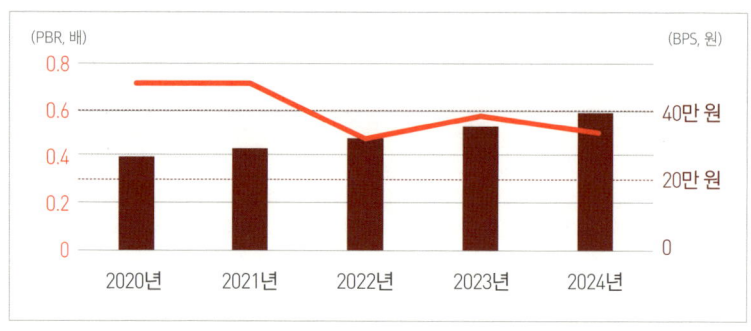

2020~2024년 현대차의 PBR, BPS 추이   출처: 금융감독원 전자공시시스템, 애프엔가이드

PBR의 경우 회계상 감가상각을 반영했더라도 실제 시장에서 평가받는 자산가치와 괴리가 생겨 노후화된 자산이 고평가될 가능성이 있다. 또한 회사가 영업활동으로 현금 혹은 자산을 쌓아두고만 있을 경우에도 PBR이 낮게 나온다. 주주환원 의지가 강하지 않아 배당 혹은 자사주 매입을 적극적으로 하지 않는다면 저PBR이 개선되기 매우 힘들다. 따라서 투자자들은 투자한 기업이 왜 저PBR인지에 대한 이유를 잘 따져봐야 한다.

ROE가 핵심이다

우리가 기업에 투자하는 본질적인 이유는 그 기업의 영업활동으로 인해 발생하는 이익을 같이 나누기 위함이다. 그렇기 때문에 그 기업이 영업활동으로 얼마만큼의 이익을 창출했는지 살펴보는 게 가장 중요하다. 그래서 사실 PER, PBR보다 더 중요한 지표로 봐야 하는 것이 바로 자기자본이익률 ROE다.

ROE는 기업의 장기성장성을 가늠하는 척도로 쓰인다. 투자의 대가인 워런 버핏 버크셔해서웨이 회장도 ROE를 주요 투자지표로 활용했다. 워런 버핏은 최근 3년간 연평균 ROE가 15% 이상인 종목에 투자할 것을 권했다. ROE는 자기자본을 이용해 얼마나 효율적으로 이익을 만들어냈는지 나타내는 지표다. ROE는 당기순이익을 자기자본을 나누고 100을 곱한 값이다.

$$\text{자기자본이익률(ROE)} = \text{당기순이익} \div \text{자기자본} \times 100$$

　예를 들어, A기업은 100억 원의 자기자본으로 한 해 동안 당기순이익 10억 원을 실현했다. 이때 A기업의 ROE는 10%다. 경쟁사인 B기업도 똑같이 100억 원의 자기자본을 갖고 있었는데 같은 해 당기순이익 20억 원을 냈다. 같은 규모의 자기자본으로 더 많은 이

	JYP	하이브	YG	SM
2021년	31.43%	6.83%	1.83%	25.48%
2022년	24.67%	1.87%	8.56%	12.19%
2023년	30.37%	6.58%	14%	12.30%
2024년	22.41%	0.31%	3.90%	2.64%

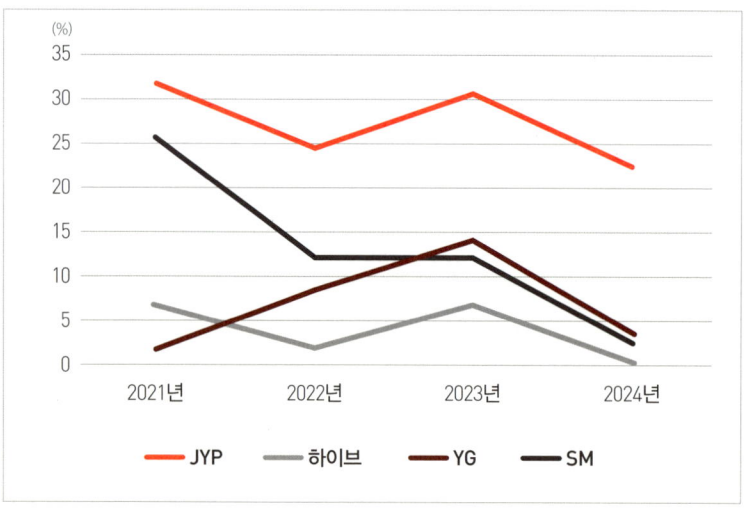

주요 엔터테인먼트사의 ROE 추이

익을 냈으니 B기업의 수완이 더 좋은 것으로 볼 수 있겠다. B기업의 ROE를 계산해보면 20%다. 즉, ROE가 높을수록 기업이 자기자본을 효율적으로 활용해 높은 수익을 내고 있다는 걸 의미한다.

실제 기업 사례를 살펴보자. JYP엔터테인먼트의 경우 우량한 엔터주로 평가받는데, 그 이유는 다른 엔터사들에 비해 2배 높은 ROE를 유지했기 때문이다. 2021년부터 2024년까지 JYP엔터테인먼트의 ROE는 20~30%대를 유지했다. 반면 BTS, 세븐틴 등이 속한 하이브의 ROE는 한 자릿수대였고, SM엔터테인먼트의 경우 ROE가 두 자릿수대에서 한 자릿수대로 떨어졌다.

다만 ROE가 높다는 것만 확인하고 투자를 시작하면 안 된다. 왜 ROE가 높은지, 이러한 높은 ROE가 계속 유지될지를 스스로 판단해봐야 한다. ROE가 높다는 건 그만큼 기업이 벌어들이는 이익이 많다는 것인데, 장기적으로 기업이 기술력과 경제적 해자를 갖고 높은 ROE를 지켜낼 수 있는지 면밀하게 파악해야 한다. 아울러 일회성 이익이나 부채 비율에 따라 ROE가 왜곡될 수 있기 때문에 재무상태를 종합적으로 보고 기업을 분석할 줄 알아야 한다.

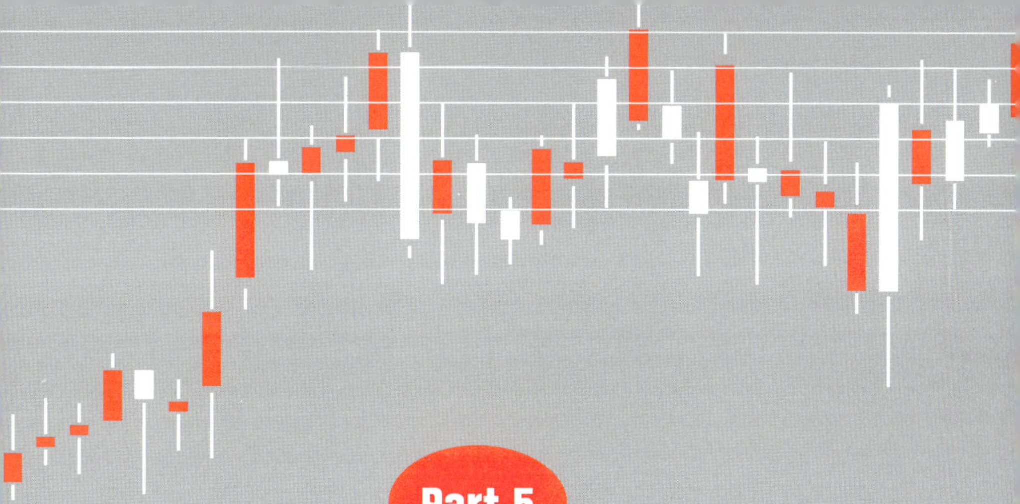

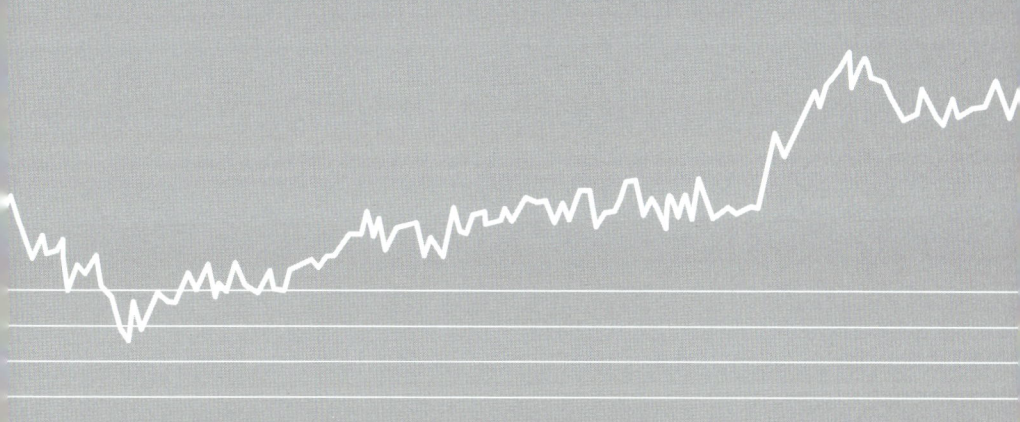

Part 5

국내 주식투자
전략

실전 투자 들어가기

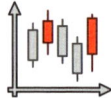

지금까지 기업 분석을 어떻게 하는지에 대한 방법과 주식투자에 필요한 기본 개념들을 익혀봤다. 지금까지가 다양한 공시 용어들과 숫자의 향연이었다면 이제부터는 실전이다. 현재 흘러가는 경제 상황을 읽고 투자 대상 기업들의 업황을 면밀히 분석해야만 목표 수익률 이상의 성과를 낼 수 있을 것이다.

미래와 현재의 화폐가치를 연결하는 금리

보통 신문 기사나 뉴스를 보면 금리, 물가, 환율 등과 같은 용어가 나오며 전체 글로벌 경제 상황을 짚어준다. 개별이 아닌 국가 혹은 글로벌 경제의 전체적인 흐름을 나타내는 것을 거시경제 (Macroeconomics)라고 하고, 흔히 '매크로'라고 부른다. 매크로 지표들은 주식시장 전체에 중요한 영향을 준다. 특히 금리는 물가와 아주 밀접하게 연결돼 있고, 이는 주식시장으로 유입되는 유동성에 영향을 줄 수 있기 때문에 투자자라면 꼭 금리의 뜻을 알고, 그 흐름을 살펴봐야 한다.

금리는 돈을 빌려주고 받는 대가, 즉 원금에 대한 이자를 비율로 나타낸 것이다. 돈을 빌리는 입장에선 원금으로 일정 기간 동안 투자했을 때 기대할 수 있는 최저 수익률, 돈을 빌려주는 입장에선 이 기간 이후 얻을 수 있는 일정 수준의 수익률이다.

종합하자면 금리는 미래의 화폐가치와 현재의 화폐가치를 연결해주는 척도가 된다. 금리가 내려가면 자금을 조달하는 사람 입장에선 적은 비용으로 큰 돈을 빌릴 수 있으니 좋고, 반대로 금리가 올라가면 자금 조달이 점점 더 부담스러워진다.

반복되는 금리의 사이클

거시경제 흐름 파악의 핵심인 금리는 상승과 하락의 사이클을 반복하며 움직인다. 시중에 유동성이 증가하면, 즉 돈이 많이 풀리면 물가 상승 압력이 작용하게 된다. 중앙은행은 이러한 물가 상승을 잠재우기 위해 정책적 기준이 되는 기준금리를 높게 된다.

금리가 올라가면 조달비용이 높아지므로 소비자들은 지갑을 닫고 기업들도 투자를 줄이게 된다. 전반적으로 경기가 하방 압력을 받게 돼 주식시장도 위축되는 결과를 낳는다. 반대로 금리가 상승해 인플레이션이 어느 정도 잡혔다면 중앙은행은 금리를 내리기 시작한다. 그러면 소비와 투자가 늘고 주식시장도 상승할 준비를 한다.

금리는 보통 각국의 중앙은행이 자국의 경제 상황에 알맞게 결정한다. 보통 기준금리를 0.25%포인트(p) 인상 혹은 인하하는데, 때에 따라 0.5%p, 0.75%p 이상 변화를 주기도 한다. 큰 폭으로 금리를 인상한다면 그만큼 물가 상승 압력이 높다는 소리고, 현재 경기 상황이 그만큼 위축돼 있다는 것으로 해석하면 된다.

미국의 사례를 살펴보면, 2020년대 초 코로나19 팬데믹 이후 인플레이션을 잡기 위해 큰 폭의 금리 인상을 단행했고, 기업들의 실적이 둔화됨과 동시에 주가지수 역시 하락하는 모습이 나타났다. 반대로 금리 인상 폭이 축소되던 2023년 초부터는 바닥을 다지며 반등을 준비하는 S&P500 지수 추이를 볼 수 있다.

투자자라면 금리가 도대체 언제까지 내려가는지, 올라가는지 궁금해할 것이다. 금리의 향방이 내 계좌의 수익률을 뒤흔들 수 있기 때문이다. 미국은 연 8회 연방공개시장위원회(FOMC)를 열어 금리를 결정하는데, 전 세계 투자자들이 다음 FOMC에서의 금리 수준을 어떻게 예측하는지 미리 확인해볼 수 있는 곳이 있다.

바로 미국 시카고상품거래소인 CME 그룹에서 제공하는 도구 'CME 패드워치'다. CME 패드워치는 30일물 연방기금 선물 가격 데이터를 기반으로 금리 인상, 동결, 인하 가능성을 확률로 계산해

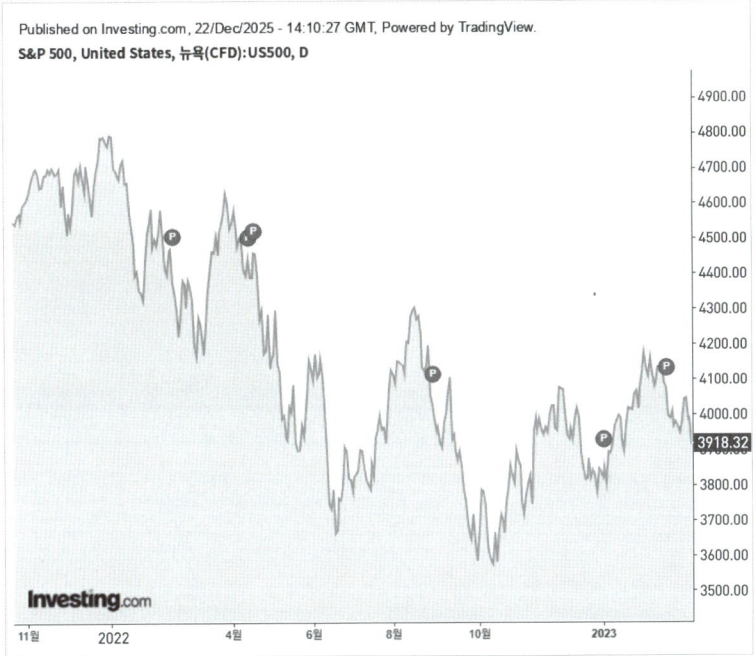

금리 사이클에 따른 2022년 초부터 2023년 초까지의 S&P500 지수 추이 　　출처: 인베스팅닷컴

서 보여준다. 예를 들면, 2025년 12월 22일 기준 CME 패드워치에
서는 2026년 1월 열리는 미국 FOMC에서 기준금리를 유지할 확률

을 80.1%, 기준 금리가 0.25% 내릴 확률을 19.9%로 예측했다. 이 확률은 물가지표 및 각종 거시경제 이벤트를 반영해 매일 바뀌는데, 실제로 1월 FOMC에서 기준금리 동결 결정이 내려졌다.

탑다운, 바텀업 전략을 써보자

금리가 거시경제의 흐름, 그리고 주식시장에 얼마나 중요하게 작용하는지를 알아봤다. 짧게 요약하면 금리가 올라가는 모습이 보이면 유동성이 제한돼 주식시장이 위축되고, 반대로 금리가 내려가면 주식시장이 반등하는 모습을 보인다는 것이다.

탑다운 투자

금리를 포함해 물가, 환율 등 거시경제 지표를 먼저 분석하고 투자하는 걸 '탑다운(Top-down)' 투자 방식이라고 한다. 위에서 아래로, 즉 하향식으로 분석해 투자한다는 걸 뜻한다. 탑다운 투자는 거시경제 흐름과 시장 사이클을 먼저 파악하고 거기에서 수혜를 입을 것으로 예상되는 유망 산업이나 업종을 선별한다.

그 이후 그 산업, 업종 내 우량 기업에 투자한다. 금리가 하락할 것으로 예측되면 보통 고성장 산업·업종에 투자금이 쏠린다. 조달 자금이 줄어들고 미래 이익을 기대할 수 있기 때문이다. 보통 고성장 산업·업종엔 AI, 반도체, IT, 게임 등이 포함된다. 반대로 금리가 상승할 것으로 예측되면 고성장보단 경기 방어주, 즉 경기와 무관하게 사용되는 필수 소비재 등의 업종에 투자금이 몰린다.

탑다운 투자는 쉽게 말해 현재 거시경제 및 주식시장의 흐름을 추종하는 방식으로 진행이 된다. 그렇다 보니 주식투자를 이제 막 시작하거나 입문한 투자자들이 활용하기 좋은 방식이다. 업황이 좋거나 턴어라운드(Turn-around, 기업내실이 큰 폭으로 개선되어 주가가 급등하는 것)되는 곳들을 파악하기 좋으므로 투자를 시작하거나 종료할 시점을 잘 포착할 수 있다는 게 장점이다. 뒤에서 자세하게 다루겠지만 업종을 추종해 만들어진 테마형 ETF에 투자하는 사람들에게도 제격이다.

하지만 여러 거시경제 변수들을 예측하는 건 매우 어렵기도 하거니와 개별 기업을 꼼꼼하게 분석하기 어렵다는 것이 탑다운 투자 방식의 단점이다. 주가가 10배 이상 뛰는, 이른바 텐베거 주식을 찾는 데에 탑다운 투자는 어디까지나 한계가 있다. 따라서 한 단계 위의 주식투자를 하고자 한다면 탑다운과 함께 '바텀업(Bottom-up)' 투자도 함께 사용해야 할 필요가 있다.

바텀업 투자

바텀업 투자는 개별 기업부터 꼼꼼히 분석한 이후 이 기업이 속한 산업·업종, 그리고 거시경제까지 파악하는 방식을 일컫는다. 여러 기업 분석 도구를 이용해 한 기업의 사업구조, 재무상태, 경쟁력 등을 꼼꼼하고 면밀하게 분석부터 시작한다. 시장에서 아직 주목을 받지 못한 원석 같은 저평가 우량 기업을 찾을 때 많이 쓰이는 방법이라고 볼 수 있다.

가치 투자의 대가인 워런 버핏 버크셔해서웨이 회장이 주로 쓰는 방식이 바로 이 바텀업 투자 방식이다. 숨겨져 있는 가치주를 발견해 아무도 모를 때 사놨다가 큰 수익을 내는 것이 일반적이다. 국내 가치 투자자들도 주로 바텀업 투자를 활용한다. 시장에 알려지지 않은 알짜 기업들을 발굴해서 미리 투자하고 그 기업의 흐름과 동행하는 방식으로 진행된다. 보유 기간도 상대적으로 긴 편인데, 주식 보유 기간으로 1년은 바텀업 가치 투자자에겐 매우 짧은 편이다.

　바텀업 투자는 개별 기업을 보고 직접 투자에 나서는 것이기 때문에 투자 시 리스크가 좀 크다는 단점이 있다. 개별 기업에 생기는 예상치 못한 악재, 전체 산업 혹은 업종의 둔화 흐름 등이 주가에도 고스란히 반영될 수 있기 때문이다. 하지만 여의도의 모 운용사 대표는 "바텀업 투자를 제대로 했다면, 주가가 빠져도 걱정하지 않아야 한다. 오히려 주가가 싸져서 더 살 수 있으니 기뻐해야 한다. 본인이 생각한 보유 기간, 목표 수익률에 도달할 것이란 확신이 생기도록 한 기업에 몰두해 성과를 내는 게 중요하다"고 했다. 이처럼 바텀업 투자는 다이아몬드가 될 원석을 발견해 수많은 고난과 역경을 뚫고 결과를 만들어내는 방식이다.

　지금까지 탑다운, 바텀업 투자 방식에 대해 살펴봤다. 두 방식 모두 장단점이 있기에 초보 투자자들이라면 탑다운, 바텀업 투자 방식을 모두 익혀두는 것이 좋다. 거시경제의 흐름을 파악해 유망 산업의 업황을 익히고, 개별 기업의 특성도 모두 파악해보는 것이다. 처음엔 어떤 방식으로 투자해야 할지 고민될 수 있다. 하지만

나중엔 탑다운, 바텀업 투자 방식을 구분하지 않고 적절히 섞어서
사용해 투자를 이어나가는 자신의 모습을 발견하게 될 것이다.

사이클 산업,
어떻게 투자해야 할까?

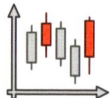

사이클 산업은 시장의 흐름, 수요와 공급에 따라 역사적으로 상승과 하락을 반복하는 곳들을 말한다. 이들은 경기와 금리, 업황에 매우 민감하게 반응하는 특징을 갖고 있다. 대표적인 사이클 산업으로는 반도체, 조선, 정유·화학, 금융, 건설 등이 있다. 국내 증시에선 특히 이 사이클 산업 비중이 매우 높다. 지금부터 사이클 산업의 특징에 대해 하나하나 살펴보도록 하겠다.

반도체, 상승과 하락에 주목하라

반도체 산업의 사이클은 IT의 성장과 둔화의 흐름과 궤를 같이

했다. 새로운 기술이 출현하고 IT 수요가 높아짐에 따라 높은 기술력으로 무장한 반도체 수요도 함께 높아졌다. 그 기술이 어느 정도 시장에 자리잡고 성숙화 단계에 접어들면 반도체 수요가 줄고 과잉 공급이 발생하는 모습이 나타났다. 국내 투자자에게 친숙한 삼성전자, SK하이닉스도 대표적인 메모리반도체 기업으로 IT 산업의 성장 속에서 수요와 공급이 조절되는 사이클을 타면서 움직였다.

통상 메모리반도체 시장은 '반도체 수요 증가 → 공급 과잉 → 반도체 판매가격 하락 → 설비투자(CAPEX) 감소 → 전방산업 재고 축소 → 공급 부족 → 반도체 수요 재차 증가 → 판매가격 상승'의 흐름으로 움직였다. 상승 사이클에서는 수요가 공급을 앞지르면서 반도체 판매가격도 함께 올라간다. 그러다가 고객사가 어느 정도의 물량을 확보해 재고가 쌓이게 되면 반도체의 수요가 줄어들고 공급이 늘어나게 된다. 그렇게 되면 반도체 판매가격도 점점 떨어지게 되고, 재고도 쌓이게 된다. 자연스럽게 메모리반도체 기업들의 이익도 함께 줄어들면서 '반도체 불황'에 빠지게 된다. 반대로 하락 사이클에서는 공급이 수요를 앞지르면서 반도체 판매가격이 내려간다. 재고도 조정되는 구간을 거치다가 다시 수요가 공급을 앞지르는 구간으로 진입하게 되면 판매가격이 상승하면서 호황을 맞는다.

최근 AI 붐이 일어나면서 반도체 산업은 상승 사이클을 탔다. 전반적인 반도체 산업이 호황의 궤적을 그리는데, 삼성전자와 SK하이닉스도 이 흐름을 따라간다. 글로벌 고객사들이 어떤 회사의 제품을 더 많이 선택하는지에 따라 주가 상승폭은 달라지겠지만

삼성전자 주가(월봉) 그래프. 삼성전자 주가는 우상향해왔지만 반도체 사이클 영향에 따라 상승과 하락을 반복해왔다.

출처: nPay 증권

대체로 삼성전자와 SK하이닉스의 주가는 글로벌 반도체 업체들의 주가와 사이클에 동행해서 움직여왔다.

다만 통상적으로 반도체 기업들의 주가는 업황을 6~9개월 선행한다. 때문에 사이클과 주가가 완전히 일치하지 않아 투자자들이 혼란스러워할 때가 많다. 기업들이 어닝 서프라이즈를 연이어 발표했는데 오히려 주가가 하락하기 시작하거나, 반도체 감산 혹은 어닝 쇼크 등의 소식이 나왔는데 주가가 반등하는 모습을 보이기도 한다. 어찌 보면 일반 투자자 입장에서 다소 이해하기 힘든 기현상이 일어나는 것인데, 역사적으로 사이클 산업의 주가가 업황을 선행해 움직이는 것이 반복됐다는 걸 이해하면 익숙해질 수 있다. 이 책에는 반도체의 모든 역사에 대해 상술해놓지 않았기에 반도체에 투자하기로 마음을 먹었다면 직접 반도체 산업의 역사와 사이클을 알아보고 주가 궤적을 비교해보는 것부터 시작해보자.

대형 반도체 기업뿐 아니라 소재·부품·장비 기업들도 이러한 사이클에 영향을 받는다. 특히 반도체 소재 관련 기업들의 경우 반도체 생산량, 성능 향상 여부 등에 따라 이익이 변화하는 경우가 많다. 장비 관련 기업들이 소재, 부품 기업들에 비해 사이클 주기가 더 큰 편이므로 전방산업과의 수주 관련 공시들을 꼼꼼히 체크하면서 투자하는 것이 필요하다.

조선, 금융 등 슈퍼사이클의 흐름을 찾아라

한국의 산업화를 이끌었던 철강, 정유·화학, 건설, 항공·해운 업종들도 사이클 산업에 포함된다. 2020년대부터 시작된 3차 슈퍼사이클에 순항하고 있는 조선업도 대표적인 사이클 산업이다. 1960년대 글로벌 무역 증가로 선박 발주량이 늘면서 1차 슈퍼사이클이 시작됐고, 2000년대 초 중국 경제의 급성장으로 2차 슈퍼사이클이 진행됐다.

하지만 2008년 금융위기 이후 글로벌 경제가 장기 불황에 빠지며 많은 조선소들이 문을 닫고 조선업이 침체를 겪었다. 이후 환경

HD한국조선해양의 연간 매출액, 영업이익, 당기순이익

	2020년	2021년	2022년	2023년	2024년
매출액	14조 9,037억 원	15조 4,934억 원	17조 3,020억 원	21조 2,962억 원	25조 5,386억 원
영업이익	744억 원	-1조 3,848억 원	-3,556억 원	2,823억 원	1조 4,341억 원
당기순이익	-8,352억 원	-9,293억 원	-2,170억 원	2,217억 원	1조 1,723억 원

출처: 금융감독원 전자공시시스템

규제로 인한 친환경 선박의 수요 증가와 노후화된 선박 교체 시기 등이 맞물리면서 3차 슈퍼사이클이 시작됐다.

한국 조선사들은 고선가 선종 건조에 경쟁력을 갖추고 있다. 덕분에 관련 수주 물량이 늘었고 만성 적자에 허덕이던 조선사들도 본격적으로 이익을 내기 시작했다. 실제로 HD현대그룹 조선·해양 부문의 중간지주사 격인 HD한국조선해양은 2021년과 2022년 영업적자가 각각 1조 3,848억 원과 3,556억 원 발생했는데 슈퍼사이클이 시작된 이후 2023년과 2024년 영업이익으로 2,823억 원과 1조 4,341억 원을 냈다. 주가도 움직였는데, HD한국조선해양의 주가는 2023년 초 7만 원대에 머물렀으나 2025년 40만 원 선을 돌파했다.

금융도 사이클 산업 중 하나로 꼽힌다. 은행의 경우 이익 흐름이 금리와 연동된 거시경제 흐름을 타고 움직인다. 은행의 수익은 금리에 의해 크게 좌우된다. 금리 상승기엔 수익성 지표로 불리는 순이자마진(NIM), 즉 이자이익이 증가한다. 변동금리 대출 비중이 높은 은행들의 경우 예대금리차가 확대되면서 수익성이 개선될 가능성이 높다. 은행주 주가도 이러한 금리 상승, 하락 사이클의 반복을 타고 움직이는 경우가 많다. 은행과 함께 대표적인 금융주로 분류되는 증권, 보험 업종도 금리에 영향을 많이 받는다. 특히 보험주의 경우 금리가 상승하면 주가가 오르는 경우가 많았다.

사이클 산업에 제대로 투자하려면?

이러한 사이클 산업에 투자할 경우 역사적인 업황의 흐름을 먼저 파악해야 한다. 사이클에 따라 기업들의 이익이 변하고, 주가도 함께 움직이기 때문이다. 단순히 '1등 기업인데 망하겠어?'라고 생각해 고점에 투자한다면, 몇 년간 긴 고통을 감내해야 할 수도 있다. 따라서 사이클 산업에 투자하려면 산업 사이클의 특징을 꼼꼼하고 완벽하게 알고 있어야 한다.

피어그룹(Peer Group)을 비교하는 것도 하나의 방법이다. 사이클 산업의 흐름은 국내 기업에만 적용되는 게 아니라 같은 업종에 있는 모든 글로벌 기업에 적용된다. 따라서 투자 대상이 되는 기업과 같은 업종에 있는 피어그룹을 비교해보는 게 좋다. 삼성전자, SK하이닉스는 대표적인 메모리반도체 기업인데, 미국에도 마이크론 테크놀로지라는 메모리반도체 기업이 있다. 각 기업들이 상장된 국가의 증시가 고평가 혹은 저평가돼 있는지에 따라 평가가치나 PBR, PER 등의 투자지표는 좀 다를 수 있겠지만 EPS나 CAPEX 변화 흐름은 유사하기에 이를 비교해보는 것도 유용하다.

특히 사이클 산업의 경우 PBR이 많이 활용된다. 사이클 산업은 업황이 좋지 않을 때 적자를 낼 가능성이 높은데, 이땐 PER 등의 투자지표를 쓰는 게 아무 효용이 없다. 하지만 PBR은 순자산으로 주가를 평가하기에 안정적인 기준점으로 작용한다.

반도체, 철강, 조선 등 대부분의 사이클 산업은 대규모 설비를 갖춘 곳이 많다. 따라서 이 자산들의 가치와 주가를 비교하는 PBR을 더 유용하게 평가하기도 한다. SK하이닉스의 과거 PBR이 움직였던 범위는 0.8~1.5배였다. 하지만 PBR로 보는 것만이 능사는 아니다. AI 시대 HBM 중요성이 강조되고 한국 증시의 저평가 요인이 해소되자 SK하이닉스의 PBR이 2배를 넘어서기도 했다. 따라서 어디까지나 PBR은 사이클 산업의 역사적 흐름을 파악하는 도구로 사용해야 하며, PBR만 보고 사이클 산업에 투자하면 안 될 것이다.

'**K온리' 전성시대,**
바로 알고 투자하자

　한국 증시가 저평가를 받아왔지만 큰손 투자자들이 주목해왔던 곳들이 있다. 바로 K컬처로 시작돼 글로벌 시장으로 뻗어나간 기업들이다. IT, 조선, 건설 등 기존 전통 제조업이 강했던 한국이 이제 창의성에 기반한 소프트파워로 전 세계인들의 이목을 사로잡는 매력적인 상품들을 내놓으면서 각광을 받고 있다. K온리 기업들은 대부분 충성 고객을 기반으로 하는 소비재적 성격의 푸드, 뷰티, 피부미용, 엔터 등의 산업들이다.

K컬처의 포문을 연 엔터사

그중에서도 K컬처의 포문을 연 곳이라 할 수 있는 엔터테인먼트 분야는 전 세계 국가에서 주목하고 있는 산업이다. 2000년대까지만 하더라도 중국, 일본 등 아시아 지역에서 주로 인기를 끌었지만 이젠 미국, 유럽, 남미 등의 시장에서도 블랙핑크, BTS, 스트레이키즈 등 K팝 아이돌을 좋아하는 팬덤이 확장되고 있다. 내수시장에서만 머물렀던 엔터사들이 이젠 글로벌 시장으로 사업 영역을 확장할 수 있게 된 것이다.

엔터사들은 보통 팬덤이 앨범을 구매하고, 콘서트에 가고, 응원봉이나 굿즈 상품을 사는 데에서 나오는 이익으로 먹고 산다. 사이클 산업과 다르게 엔터 산업을 볼 때는 앨범 판매량, 콘서트 모객수, 굿즈 판매량 등이 늘어나는지를 부지런하게 체크하고 면밀히 분석하는 것이 필요하다. 각종 음원차트, 사업보고서 등을 확인해가면서 엔터사가 계속해서 성장하고 있는지를 모두 따져봐야 한다는 소리다. 아울러 새로운 파이프라인인 신인 아티스트에 대한 대중들의 반응을 파악해보면서 엔터사의 디렉팅 능력을 가늠해보는 것이 필요하다.

국내 4대 엔터사는 하이브, SM, YG, JYP다. 이 기업들은 글로벌 시장에서도 파급력을 발휘할 수 있는 신인을 발굴하고 고연차 아티스트의 팬덤을 확장시키는 데에 물심양면으로 노력하고 있다. 실제로 해가 지날수록 음반, 공연, 굿즈 관련 매출액도 늘어나고 있다. BTS, 세븐틴, 투어스 등이 속한 하이브의 경우 음반, 공연,

하이브 엔터테인먼트의 2022~2024년 매출액 증감 추이

단위: 백만 원

구분	품목	2024년		2023년		2022년	
		매출액	비중	매출액	비중	매출액	비중
음반/음원	음반, 음원 등	860,962	38.17%	970,463	44.56%	551,989	31.08%
공연	콘서트, 팬미팅 등	450,865	19.99%	359,111	16.49%	258,167	14.54%
광고, 출연료	광고 수익, 출연료 수익 등	134,535	5.96%	141,899	6.51%	161,830	9.11%
MD 및 라이선싱	공식 상품(MD), IP 라이선싱 등	420,229	18.63%	325,563	14.95%	395,554	22.27%
콘텐츠	영상콘텐츠, 영상출판물 등	287,279	12.74%	289,872	13.31%	341,500	19.23%
팬클럽 등 기타	팬클럽 등	101,779	4.51%	91,180	4.19%	67,114	3.78%
	합계	2,255,649	100.00%	2,178,088	100.00%	1,776,154	100.00%

* 연결재무제표 기준
** 2022년, 2023년 매출은 매니지먼트 매출 포함

MD 및 라이선싱 등을 합한 매출액이 2022년 1조 7,761억 원 →
2023년 2조 1,780억 원 → 2024년 2조 2,556억 원으로 늘어났다.

불닭볶음면 인기, K푸드 투자하려면?

음식료주는 내수 소비가 우선인 필수 소비재이자 경기 방어주
로 꼽혀왔다. 경기침체 국면에서도 소비가 줄지 않는 곳들로 소위
'재미없는' 주식으로 평가받았지만 이젠 달라졌다. 글로벌로 진출

하는 K푸드 기업도 많이 생겨났기 때문이다. 극강의 매운맛을 내면서 유명세를 탄 불닭볶음면부터 시작해서 한국식 핫도그까지 다양한 K푸드가 전 세계인의 입맛을 사로잡고 있다.

K푸드 업체도 마찬가지로 판매제품이 얼마나 해외시장으로 잘 수출되는지를 면밀하게 파악해보는 게 중요하다. 중국, 인도, 미국 등으로의 판매량이 늘었는지, 그리고 이 제품을 만드는 공장에서 얼마나 많은 제품을 생산하는지를 모두 파악하는 게 좋다.

투자자가 쉽게 접할 수 있는 통계 프로그램들이 많은데, 대표적으로 한국무역통계 정보포털 TRASS가 꼽힌다. TRASS에선 전체 국내 상품에 대한 수출입통계부터 개별 지역에서의 특정 상품에 대한 수출입통계 등도 확인해볼 수 있다. TRASS에서 '수출입통계'-'상세조회' 탭에 들어간 다음 시군구 선택, 품목을 설정하고 조회하면 된다.

불닭볶음면으로 유명해진 삼양식품을 예로 들어보자. 삼양식품의 라면 공장은 강원 원주시, 경남 밀양시 등에 있다. 신공장을 신설한 경남 밀양시를 선택하고 라면 품목 코드(1902301010)를 넣으면 밀양시의 라면 수출입 금액과 중량이 나온다. 연도 옆 플러스(+) 표시를 누르면 월별 수출입 통계도 확인해볼 수 있는데, 점차 늘어나는 걸 알 수 있다.

TRASS 외 다양한 사이트들을 활용해서 제품들의 생산량이 얼마나 늘어나는지를 면밀히 따라가는 것이 K푸드 기업을 투자하는 방법이라고 할 수 있다. 삼양식품 말고도 농심, 오리온, 오뚜기, 롯데웰푸드 등 다양한 K푸드 기업들이 해외 진출에 박차를 가하고

기간	수출		수입	
	금액	중량	금액	중량
⊞ 2025년	1,381,767,162	340,589,236.57	15,968,056	2,896,935.06
⊞ 2024년	1,248,385,085	310,444,959.36	24,691,760	4,276,491.28
⊞ 2023년	952,402,708	244,207,013.84	18,970,406	3,563,364.58
⊞ 2022년	765,412,973	215,953,409.93	14,986,157	2,417,240.29
⊞ 2021년	674,403,302	194,214,354.12	10,236,184	1,715,436.13
⊞ 2020년	603,573,967	177,322,136.57	4,679,428	1,175,262.63
⊞ 2019년	466,995,961	137,284,564.85	5,190,861	1,243,870.26
⊞ 2018년	413,094,095	115,976,816.08	4,531,958	1,033,630.69
⊞ 2017년	380,990,745	110,115,008.51	3,855,699	947,379.97
⊞ 2016년	290,365,532	79,585,582.98	2,087,250	623,174.14
⊞ 2015년	218,799,463	55,377,988.40	1,463,625	530,355.00

삼양식품의 라면 수출입 통계
출처: TRASS

있다. 이젠 내수가 아닌 글로벌 진출을 얼마나 활발하게 하고 있는 지 주목해가면서 투자하는 것이 필요하다.

또다른 K온리 산업들은?

글로벌로 진출하는 곳들은 더 있다. K뷰티, 피부미용, 패션 등 도 활발하게 해외로 진출하고 있다. 특히 K뷰티는 외국인 관광객 들의 필수템으로 꼽히면서 신드롬을 일으키고 있다. 과거 중국 고 위층이 사랑하던 고가의 화장품 브랜드가 인기를 끌었지만, 이젠 혁신적인 아이디어로 성별과 국적, 연령층을 막론한 모든 사람에 게 주목을 받고 있다. 이에 따라 대형 화장품 브랜드사뿐 아니라 독보적인 브랜드를 갖춘 인디 화장품사, 화장품 OEM·ODM 업체들이 모두 투자시장에서 사랑받고 있다.

K뷰티 기업도 K엔터, 푸드 기업과 마찬가지로 투자 기업의 제품 판매량이 얼마나 느는지를 파악해보는 게 가장 중요하다. 여기에 하나 더 포함하자면 그 기업의 제품이 얼마나 인터넷·SNS에서 급속도로 퍼지는지 찾아보는 것도 중요하다. 미국의 블랙프라이데이, 일본의 라쿠텐 등 주요국 쇼핑 페스타에서 K뷰티 제품들의 인기 순위가 얼마만큼인지, 유명 팝스타 혹은 인플루언서들이 제품을 사용한 후기를 올리는지, 구글에서 제품 검색량이 증가하고 있는지를 다방면을 검색해보는 게 필요하다.

모공보다 얇은 마이크로니들과 병풀에서 추출한 시카 성분으로 인기를 끈 리들샷은 출시 이후 일본과 미국 등지에서 인기를 끌었다. 구글 트렌드로 리들샷의 영문명인 'REEDLE SHOT'을 검색해보면 2023년 말부터 검색량이 늘어났다는 걸 알 수 있다. 즉, 리들

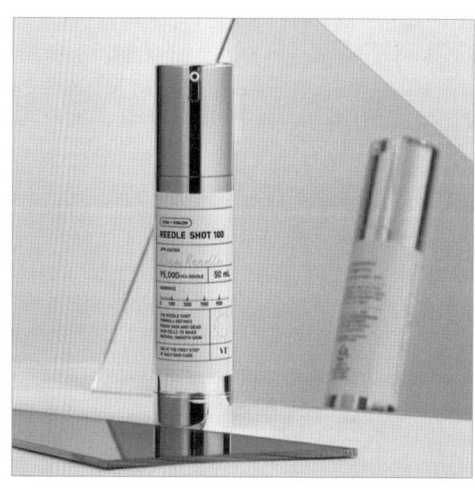

VT코스메틱의 제품 리들샷

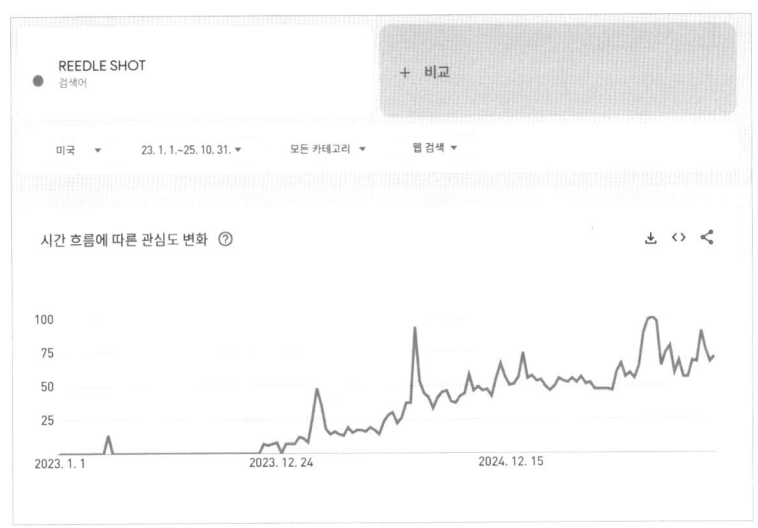

REEDLE SHOT
● 검색어

+ 비교

미국 ▼   23. 1. 1.~25. 10. 31. ▼   모든 카테고리 ▼   웹 검색 ▼

시간 흐름에 따른 관심도 변화 ⓘ   ↧ ‹› ↗

100
75
50
25

2023. 1. 1   2023. 12. 24   2024. 12. 15

리들샷 미국 구글 트렌드

샷의 신규 고객들이 늘어남을 알 수 있고, 동시에 충성고객으로 자리 잡을 가능성을 유추해볼 수 있다.

덴티움, 휴젤, 클래시스, 파마리서치 등 K피부미용 업체도 전 세계인이 쓰는 트렌드를 민감하게 파악하면서 투자에 나설 필요가 있다. 국내 피부미용 및 치아 치료 관련 기술력은 전 세계적으로 인정받는다. 국내 의료기기를 수입해 자국 병의원 등에서 사용하거나 한국으로 의료관광을 와 시술받는 경우도 많아졌다. 예전에는 중국, 일본, 태국 등 아시아 국가의 관광객이 국내 의료기기가 도입된 곳의 문을 두드렸지만 이젠 미국, 중동, 유럽, 남미국가 관광객의 방문율도 늘어나고 있다. 이렇듯 K피부미용, 의료기기 업체들은 소비재와 비슷한 성격을 갖고 있으므로 숫자로 파악되는 정보에 민감하게 반응해야 한다. 거기에 최근의 피부 혹은 건강 트렌드를 제대로 파악하고 충성 고객을 얼마나 확보했는지도 확인해 보는 게 필요하다.

소비재 투자 시 주의점

K온리 기업에 투자할 때도 주의사항이 있다. 그들의 넥스트 스텝은 무엇이고, 그게 성공할 수 있을지 여부를 잘 따져봐야 한다. K온리 소비재 기업들은 어디까지나 당대 트렌드를 이끌고 유행을 선도하기 때문에 그 흐름이 끝나고 난 후에도 영업활동과 이익이 이어질 가능성이 있는지를 생각하면서 투자하는 게 좋다.

만약 기존에 성공했던 아이템 이외에 새로운 걸 내놓지 못하거나 역성장하는 그림이 나온다면 이는 악재로 작용할 수 있다. 시장에서 대박친 상품 덕분에 주식시장에서 높은 평가를 받더라도, 기업이 주춤한다면 PER이 낮아지면서 동시에 주가도 부침을 겪을 수 있다.

예를 들면 'MLB 연예인 모자'로 중국 현지에서 돌풍을 일으킨 국내 패션기업 F&F가 그렇다. F&F는 라이선스 브랜드인 MLB를 국내와 중국 시장에서 성공시켰고, 실적도 크게 증가해왔다. 2021년 1조 892억 원이던 매출액은 2022년 1조 8,089억 원으로 증가했고, 영업이익도 같은 기간 3,227억 원에서 5,249억 원으로 늘었다. 주식시장에서도 대박 브랜드를 만든 F&F를 높이 평가했고 덕분에 주가도 우상향 곡선을 그렸다.

하지만 MLB의 중국 확장이 서서히 종료되고, F&F가 가지고 있던 기존 브랜드인 디스커버리도 느린 성장 속도를 보이자 그간 주목을 받았던 F&F의 EPS와 PER은 하락했다. 2022년 12배를 훌쩍 넘던 PER은 2024년 5배 언저리까지 떨어졌고, EPS도 같은 기간 1만 1,532원에서 9,408원으로 줄어들었다. 주가 역시 반 토막이 넘도록 손실이 났다.

현재도 영업이익률이 여전히 20%를 상회할 정도로 우량한 기업임에도 불구하고 시장의 평가는 냉정했다. F&F가 넥스트 스텝을 제대로 보여줄 때야 비로소 시장의 평가가 달라지지 않을까 조심스럽게 예상해본다. F&F의 사례처럼 많은 기업들이 새로운 브랜드와 트렌드로 소비자들의 선택을 받아야만 주가는 계속 우상향할 수 있다.

소비재에 투자할 때는 다른 경쟁제품이 출시됐는지도 기민하게 파악해볼 필요가 있다. 만약 유사한 성분의 제품이 나와 글로벌 시장 점유율을 빼앗기기 시작한다면 그때까지 고평가를 받았던 기업의 기업가치, 즉 밸류에이션(Valuation)이 낮아질 수 있기 때문이다. 이를 위해서는 한국 제품이 진출한 국가의 쇼핑 사이트, 온오프라인 판매 행사 결과 등을 계속 찾아봐야 한다. 쇼핑 사이트 구매 순위에서 계속 상위권을 유지하는지, 오프라인 마켓에서 실제로 잘 팔리고 있는지, 블랙프라이데이, 라쿠텐 같은 쇼핑 특수 행사에서 판매량이 많았는지 등에 대해서 시장 조사를 해봐야 한다.

정리하자면 소비재 기업 투자에 나설 때는 인기 제품에 소비자

F&F 시 69,100 고 69,100 저 63,000 종 63,800 ▼ 4,700 -6.86% 거 545,077   한국거래소(KRX)

이동평균 5 20 60 120

Linear ∨

203,907

▼최고 199,600(-68.04%)   185,370

166,833

148,296

액분   129,759

111,222

92,685

74,148

63,800

55,611

▲최저 47,150(35.31%)

거래량 545,077

7.72m
5.79m
3.86m
1.93m

2022   6월   2023   6월   2024   6월   2025   6월   2026

F&F 분할상장 후 주가 추이   출처: nPay 증권

가 얼마나 열광하는지, 그리고 그 열풍이 언제 사그라드는지 면밀
하게 파악해봐야 한다. 소비자가 그 제품을 외면하기 시작하면 기
업도 시장에서 좋은 평가를 받기 힘들다. 하지만 매번 트렌드가 바
뀌면서 새로운 기업이 끊임없이 나오고 있다. 사이클 산업에 비해
오히려 훨씬 더 많이 발품을 팔아야 하겠지만, 대박 제품을 만드
는 소비재 기업을 먼저 발굴했다면 향후 수익률은 어느 투자처에
못지 않게 높을 것이다. 이러한 점들을 염두에 두고 트렌드 변화에
민감하게 반응하면서 즐겁게 투자해보자.

고품격 성장주와
가치주를 주목하라

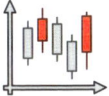

　지금까지 K온리 소비재 기업들은 어떤 것이 있는지, 어떻게 투자하면 좋을지 살펴봤다. K온리 소비재 기업 외에도 계속 성장하는 국내 산업이 많다. 그 선두주자로 글로벌 경쟁력을 갖췄다고 평가받는 바이오 산업을 꼽을 수 있다.

꿈에서 현실이 된 K바이오

　과거 주식시장에선 바이오 업체들을 '꿈의 주식'이라고 불렀다. 신약 개발에 성공하면 막대한 수익과 더불어 큰 폭의 주가 상승을 누릴 수 있을 것이란 기대 때문이다. 어느 정도 맞는 말이지만 몇 몇 국내 바이오 업체의 임상 실패와 횡령배임 사건들이 터지면서 전반적인 바이오 산업에 대한 신뢰가 바닥에 떨어졌다. 그 바람에 이제껏 유망하다고 평가받던 신약 개발업체들의 주가도 함께 추풍낙엽처럼 하락했다.

하지만 이제는 상황이 달라졌다. 많은 바이오 기업이 과거의 실패를 반면교사 삼아 더욱 더 면밀하게 기술 검증을 진행했다. 높은 기술력을 인정받은 덕분에 글로벌 빅파마(Big Pharma)들에게 기술을 이전하는 사례도 하나둘씩 나오기 시작했다. 글로벌 빅파마에게 기술 이전을 성공했다는 건 그만큼 국내 바이오 기업의 임상성공 확률이 높아졌다는 걸 간접적으로 암시한다. 아울러 기술 이전된 신약은 향후 글로벌 빅파마의 넓은 네트워크와 공급망을 활용해 대규모 상업화도 가능하기에 투자자로서는 기대할 요소가 더욱 많아진 셈이다.

국내에는 촉망받는 다양한 바이오 기업이 많다. 에이비엘바이오, 알테오젠, 리가켐바이오, 지아이이노베이션, 보로노이 등 셀 수 없을 정도다. 이중 대표적으로 글로벌 제약사 GSK, 일라이릴리 등에 이중항체 플랫폼인 그랩바디 기술을 이전하는 데에 성공한 에이비엘바이오를 예로 들어 살펴보자.

에이비엘바이오가 개발한 그랩바디-B 플랫폼 기술은 뇌세포 표면의 IGF1R 수용체를 이용해 약물을 실어 날라서 안전하게 뇌 속 깊숙하게 전달할 수 있도록 설계돼 있다. 글로벌 제약사들은 에이비엘바이오의 그랩바디-B 플랫폼 기술에 주목했고, 조 단위 기술 이전 계약을 체결했다. 덕분에 에이비엘바이오는 세계에서 인정받

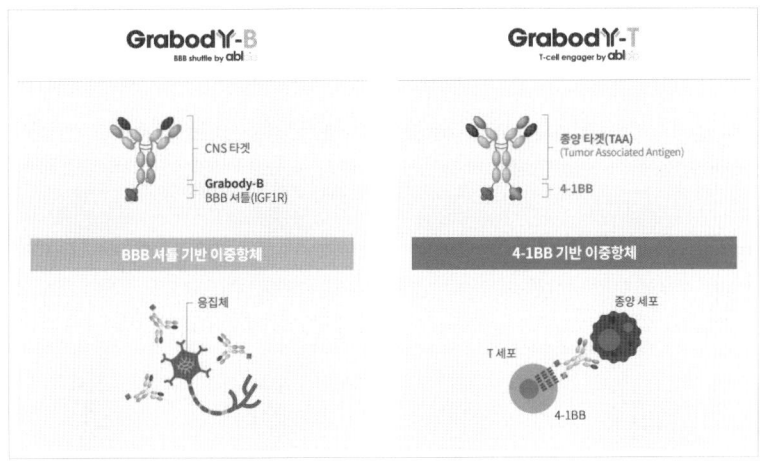

에이비엘바이오의 이중항체 플랫폼 기술   출처: 에이비엘바이오

는 바이오 회사가 됐고, 주가도 큰 폭으로 올랐다.

모든 국내 바이오 회사들이 다 에이비엘바이오와 같으면 좋겠지만 그렇지 않다. 신약 개발을 준비하는 바이오 기업들은 많지만 이를 위해 막대한 투자비용이 들어가고, 신약 승인은 낙타가 바늘구멍을 통과하는 것보다 어렵다. 기업의 임상 결과들을 면밀히 팔로업하면서 투자를 이어나가야 하고, 재무구조도 꼼꼼히 따져봐야 한다. 따라서 국내 바이오 회사에 투자할 때는 훨씬 더 어려운 내용들을 이해하고 알아봐야 할 것이다.

IT, 게임, 로봇의 성장 궤적을 주목하라

국내 고성장 성장주로 IT플랫폼·게임업체들도 주목할 필요가 있다. 대표적인 IT플랫폼 업체로는 네이버와 카카오, 이른바 '네카오'가 있다. 과거 네카오는 플랫폼을 통한 커머셜 및 광고 수익을 토대로 사업을 영위해갔다. 하지만 검색, 쇼핑, 클라우드, 금융에 이르기까지 다양한 영역으로 사업을 확장하고 있어 지금도 투자자들이 주목하고 있다. 특히 AI의 발달로 이 기술을 도입하는 데에 주력하는 모습을 보인다. 네카오는 현재도 성장하는 대표적인 IT 플랫폼 업체다.

게임도 창의성과 고도의 개발력을 갖추어 여전히 주목받는 산업 중 하나다. 이제 내수뿐 아니라 글로벌 유저들을 타깃으로 한 신작까지 출시하면서 시장의 기대감을 키우고 있다. 다만 게임사에 대한 투자는 상대적으로 어렵다. 인기게임 혹은 신작이 얼마나 게임사 실적에 기여하는지를 따져봐야 하는데, 특히 신작 출시에 대한 유저들의 반응을 예측하는 것이 어렵고, 또 이를 높은 수익으로 연결할 수 있는지를 따져보는 것이 쉽지 않기 때문이다.

기대를 한 몸에 받았던 신작이 정작 출시 이후 혹평을 받는다면 이는 향후 게임사에 큰 수익을 가져다주지 못할 가능성이 있다. 따라서 신작 개발 단계, 출시 전 쇼케이스 및 베타테스트 반응 등을 '덕질'하듯 자세히 꿰야만 자신이 좋아하는 게임사에 대한 장기투자를 이어 나갈 수 있다.

로봇 관련 기업들도 고성장 성장주로 꼽힌다. AI가 대중화되고 실생활에 로봇 기술의 도입이 점점 늘어나게 되면서 관련 기업에 대한 밸류에이션과 기대치가 높아지고 있다. 다만 아직 실질적인 수익을 내면서 시장의 기대치에 충족할 만한 이익을 낸 곳은 많지 않다.

하지만 협동로봇, 산업용 로봇에 대한 기술과 수요가 점점 더 커질 것으로 예상되기에 로봇 관련 기업에 관심이 있는 투자자라면 개별 기업에 대한 분석과 전방산업의 수요 등을 모두 분석할 필요가 있다.

국내 산업들의 간략한 특징과 투자자로서 주목할 만한 포인트를 몇 개 짚어봤다. 정말 간단한 내용만 훑고 지나가는 것인지라 실제 투자를 하려면 개별 기업에 대해 더 자세하게 공부하고 파헤쳐볼 필요가 있다. 유망하다고 평가받는 국내 기업들은 미래 성장을 위해 현재도 발군의 노력을 하고 있고, 수익도 늘어나고 있다. 국내 기업들을 관심 있게 지켜보고 투자를 이어나가보자.

주주환원과 가치주

투자자라면 하나 더 눈여겨봐야 할 것이 있다. 바로 기업들의 주주환원 노력이다. 주주환원이란 기업이 주주가치를 제고하는 활동을 일컫는 것으로 배당 확대, 자사주 매입 및 소각 등의 방법을 통해서 이뤄진다. 그간 상대적으로 저평가를 받았던 기업들이 주주가치 제고 노력과 주주친화적 행보에 나서면서 시장의 주목을 받고 있다. 주주환원을 언급하면 가치주라는 말이 따라오는데, 여기서 가치주에 대한 개념도 간략하게 살펴보도록 하겠다.

기업가치를 높이는 방법, 주주환원

최근 국내 기업들은 주주가치 제고를 위한 주주환원 계획 발표에 나서고 있다. 코리아 디스카운트 해소를 위해 정부가 앞장섰고, 뒤이어 기업들이 중장기적 주주가치 제고 방안을 내놓으면서 긍정적인 흐름이 이어지고 있다. 투자자라면 앞으로 이러한 기업들의 주주가치 제고 계획에 관심을 가질 필요가 있다.

기업가치를 제고하는 방법엔 ROE의 안정적 유지, 배당성향 확대, 자사주 매입 및 소각 등 다양한 방법이 있다. ROE를 안정적으로 유지한다는 것은 그만큼 기업이 본업에 충실하겠다는 의지의 표현이다. 주주환원을 제대로 하려면 당연히 높은 수익을 내야 하기 때문이다. 배당성향을 확대하는 것은 그 기업의 PER 상승을, 자사주 매입 및 소각은 PBR 상승을 유도한다. 따라서 현재는 저평가됐지만 ROE를 높이면서 적극적인 주주환원에 나서는 기업은 주목해볼 필요가 있다.

가치주

안전한 자산가치와 안정적인 수익구조를 갖췄지만 아직 시장에서 주목하지 않아 저평가된 주식을 가치주라고 한다. 앞서 소개한 ROE를 높이면서 적극적인 주주환원을 하려는 기업이 가치주로 평가받는 경우가 많다. 시장이 그 기업의 본질과 가치를 인정하기 시작하면 그때부터 주가가 큰 폭으로 오르는 곳이기도 하다. 향후 개선될 여지가 많고 주주환원에도 적극적으로 나설 의지가 있는 좋은 투자처를 미리 알아보고 기다림의 미학을 발휘하는 투자자를 가치 투자자라고 한다. 이들은 기업과 동행 성장하며 영업활동의 결과를 함께 나눠 받는다.

저평가 해소를 위한 모멘텀이 나오며 가치주가 재평가되면 좋겠지만, 문제는 그러한 촉매제가 없으면 오랜 기간 가치주 프레임에 갇혀 있을 가능성도 있다. 저PBR이라도 기업이 주주환원 의지가 없을 경우 시장은 철저하게 외면하기 때문이다. 따라서 무조건 평가가치가 싸다거나 가치주의 범주에 있다고 해 투자하는 것이 아니라 그 기업의 수익성, 재무구조, 주주환원 의지 등을 모두 따져보면서 기업가치를 제대로 평가하는 것이 필요하다.

똑똑한 투자자는
공모 청약도 한다

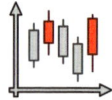

　국내 증시에 입성하는 기업들에 대한 투자도 고려해볼 필요가 있다. 기업들은 주식시장에 상장하기 위해 IPO(기업공개)라는 절차를 진행한다. IPO를 하게 되면 투자자들을 대상으로 공모 청약을 실시하게 되는데, 투자자들은 이 청약에 누구든지 참여할 수 있다. 2023년 6월 상장 첫날 주가가 공모가 대비 4배까지 올라갈 수 있게 한 '따따블' 제도가 도입된 이후 새내기주 투자에 관심을 갖는 사람들도 늘어나고 있다. 지금부터 IPO 과정을 하나하나 살펴보면서 똑똑하게 공모주 투자해보자.

공모 일정, 어떻게 확인할까?

일반적으로 투자자가 공모 청약을 하기 전, 기업의 사전 작업이 진행된다. 기업이 자신에 대해 소개하는 증권신고서가 제출된 이후 연기금, 보험, 공제회 등 기관 투자자들을 대상으로 한 기업설명회(IR)가 열린다. 이후 기관 투자자에게 먼저 주문을 받아보는 기관 투자자 수요 예측이 실시된다.

기관들은 새로 상장하는 기업 주식을 이만큼의 가격으로 사겠다고 신청하고, 취합한 결과를 바탕으로 수요 예측 경쟁률과 최종 공모가가 결정된다. 경쟁률이 높았다면 공모가가 기업의 희망범위 최상단 혹은 그 이상에서 결정되기도 한다. 반대로 기관 투자자들의 수요가 적었다면 공모가가 희망범위 하단에서 정해진다. 기관들은 미리 주식을 받는 대신 상장 후 일정 기간 동안 팔지 않겠다는 의무보유확약을 한다. 이 의무보유확약 비중이 높으면 높을수록 매도 물량이 적어 일반 투자자 입장에서 상장 첫날 주가 상승을 기대해볼 수 있다.

일반 투자자의 공모주 투자는 4단계로 진행된다. 사전 준비, 청약, 배정 및 환불, 상장이다. 먼저 언제, 어떤 기업이 상장을 준비하고 있는지 파악해봐야 한다. 금융감독원, 한국거래소의 공시시스템이나 38커뮤니케이션과 같은 민간 사이트에서 공모 청약 일정을 확인할 수 있다. 38커뮤니케이션 홈페이지의 경우 'IPO/공모'-'공모주 청약일정' 탭을 살펴보면 다가오는 청약 일정과 확정 공모가, 주간사 등의 정보를 한눈에 파악할 수 있어 편리한 편이다.

기업 검색 [　　　　　　] [검색]

| 전체종목 | 청구종목 | 승인종목 | 기업IR일정 | 수요예측일정 | 수요예측결과 | 공모청약일정 | 신규상장 |

종목명	공모주일정	확정공모가	희망공모가	청약경쟁률	주간사	분석
엑스비스	2026.02.05~02.06	-	10,100~11,500		미래에셋증권	분석
카나프테라퓨틱스	2026.01.29~01.30	-	16,000~20,000		한국투자증권	분석
덕양에너겐	2026.01.20~01.21	-	8,500~10,000		NH투자증권,미래에셋증권	분석
삼성스팩13호	2026.01.12~01.13	-	2,000~2,000		삼성증권	분석
세미파이브	2025.12.18~12.19	24,000	21,000~24,000	967.60:1	삼성증권	분석
리브스메드	2025.12.15~12.16	55,000	44,000~55,000	390:1	삼성증권,미래에셋증권	분석
미래에셋비젼스팩10호	2025.12.12~12.15	2,000	2,000~2,000	914.50:1	미래에셋증권	분석
하나스팩36호	2025.12.11~12.12	2,000	2,000~2,000	421.20:1	하나증권	분석
삼진식품	2025.12.11~12.12	7,600	6,700~7,600	3224.76:1	대신증권	분석
미래에셋비젼스팩11호	2025.12.10~12.11	2,000	2,000~2,000	593.86:1	미래에셋증권	분석
IBKS스팩25호	2025.12.09~12.10	2,000	2,000~2,000	644.85:1	IBK투자증권	분석
알지노믹스	2025.12.09~12.10	22,500	17,000~22,500	1871.43:1	삼성증권,NH투자증권	분석

38커뮤니케이션 홈페이지에서 확인할 수 있는 '공모주 청약일정'

　　증권신고서도 읽어봐야 한다. 증권신고서에는 회사가 어떤 사업을 하는 곳인지, 어떤 목적으로 주식을 파는지 등에 대해 자세하게 적혀 있다. 예를 들어, 2025년 12월 코스닥시장에 상장한 삼진식품의 증권신고서를 살펴보면 삼진식품의 주요 사업은 어묵의 제조 및 유통, 어묵 베이커리 매장 운영 등이다. 신주 200만 주를 일반 공모 방식으로 모집하고, 상장 자금은 장림공장 생산능력 증대 등에 쓸 계획이다.

　　이렇게만 보면 삼진식품이 앞으로 꽃길만 걸을 것이라 기대할 수 있겠지만 모든 기업엔 리스크가 있다. 증권신고서에서도 이 투자 위험 요소를 알려준다. 특히 상장 이후 유통 주식 물량이 어느 정도인지 파악해야 한다. 상장 이후 주요 주주들이 유통 물량을 대

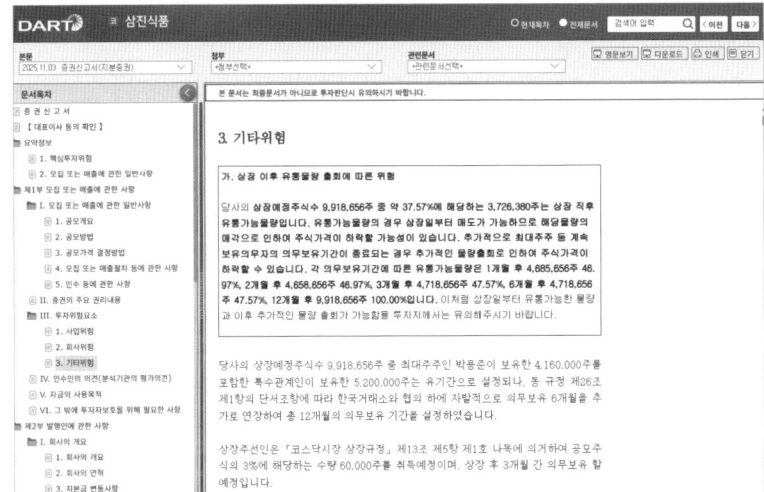

DART ⓜ 삼진식품

○현재목차 ●전체분석   검색어 입력 🔍 |◁ 이전 ▷| 다음 ▷|

본문   첨부   관련문서
2025.11.03) 증권신고서(지분증권) ▽   •첨부선택•   ▽   •관련문서선택•   ▽   🗐 영문보기 🗐 다운로드 🖨 인쇄 🗗 닫기

문서목차 ⟨   본 문서는 최종문서가 아니므로 투자판단시 유의하시기 바랍니다.

📄 증 권 신 고 서
📄 【 대표이사 등의 확인 】   **3. 기타위험**
📁 요약정보
   📄 1. 핵심투자위험   **가. 상장 이후 유통물량 출회에 따른 위험**
   📄 2. 모집 또는 매출에 관한 일반사항
📁 제1부 모집 또는 매출에 관한 사항   당사의 상장예정주식수 9,918,656주 중 약 37.57%에 해당하는 3,726,380주는 상장 직후
   📁 I. 모집 또는 매출에 관한 일반사항   유통가능물량입니다. 유통가능물량의 경우 상장일부터 매도가 가능하므로 해당물량의
      📄 1. 공모개요   매각으로 인하여 주식가격이 하락할 가능성이 있습니다. 추가적으로 최대주주 등 계속
      📄 2. 공모방법   보유의무자의 의무보유기간이 종료되는 경우 추가적인 물량출회로 인하여 주식가격이
      📄 3. 공모가격 결정방법   하락할 수 있습니다. 각 의무보유기간에 따른 유통가능물량은 1개월 후 4,685,656주 46.
      📄 4. 모집 또는 매출절차 등에 관한 사항   97%, 2개월 후 4,658,656주 46.97%, 3개월 후 4,718,656주 47.57%, 6개월 후 4,718,656
      📄 5. 인수 등에 관한 사항   주 47.57%, 12개월 후 9,918,656주 100.00%입니다. 이처럼 상장일부터 유통가능한 물량
   📁 II. 증권의 주요 권리내용   과 이후 추가적인 물량 출회가 가능함을 투지지에서는 유의하시기 바랍니다.
   📁 III. 투자위험요소
      📄 1. 사업위험   당사의 상장예정주식수 9,918,656주 중 최대주주인 박용준이 보유한 4,160,000주를
      📄 2. 회사위험   포함한 특수관계인이 보유한 5,200,000주는 유기간으로 설정되나, 통 규정 제26조
      📄 3. 기타위험   제1항의 단서조항에 따라 한국거래소와 협의 하에 자발적으로 의무보유 6개월을 추
   📁 IV. 인수인의 의견(분석기관의 평가의견)   가로 연장하여 총 12개월의 의무보유 기간을 설정하였습니다.
   📄 V. 자금의 사용목적
   📄 VI. 그 밖에 투자자보호를 위해 필요한 사항   상장주선인은 「코스닥시장 상장규정」 제13조 제5항 제1호 나목에 의거하여 공모주
📁 제2부 발행인에 관한 사항   식의 3%에 해당하는 수량 60,000주를 취득예정이며, 상장 후 3개월 간 의무보유 할
   📁 I. 회사의 개요   예정입니다.
      📄 1. 회사의 개요
      📄 2. 회사의 연혁
      📄 3. 자본금 변동사항

상장 이후 유통물량 출회가 가능함을 경고하는 삼진식품의 증권신고서   출처:DART

규모로 내놓는 오버행이 발생하면 주가가 하락할 수 있다. 통상 상
장 직후 유통 물량이 20~30%대면 안전하지만 40%에 가깝거나
그 이상이면 오버행 부담이 있다고 평가를 받는다. 삼진식품은 상
장 예정 주식 중 37.5%가 상장 이후 시장에서 거래된다.

공모주 청약 방법

공모 청약을 하려면 먼저 주식계좌가 있어야 한다. 특히 기업
의 상장을 도와주는 주관사 혹은 공모주 판매를 도와주는 인수증
권사 계좌가 있어야 한다. 통상 미래에셋증권, NH투자증권, KB증

권, 삼성증권, 대신증권 등 대형 증권사들이 상장 주관을 하는 경우가 많으니 계좌를 미리 파두는 게 유리하다. 공모 청약은 증권사 HTS, MTS 등에서 쉽게 할 수 있다. 기관 투자자의 수요 예측이 끝나 공모가가 정해지면, 이후 약 이틀에 걸쳐서 일반 투자자를 대상으로 한 공모 청약이 진행된다. 이 기간 동안 투자자들은 청약 증거금을 넣어 공모주 청약을 하면 된다.

청약 이후 공모주 배정 결과가 나온다. 증권사는 배정 수량과 증거금 환불액, 환불 예정일, 상장 예정일 등의 정보를 투자자에게 알린다. 요즘은 친절하게 카카오톡으로 청약 결과를 알려주는 알림톡도 보내준다. 그리고 배정받은 공모주의 금액만큼을 제한 나머지 금액은 해당 증권사 혹은 본인이 지정한 계좌로 환불이 된다.

공모주는 균등배정, 비례배정 방식으로 배정된다. 균등배정은 투자자가 증거금을 얼마나 넣었는지와 무관하게 최소 청약 기준만 충족하면 청약자 수로 동일하게 배정하는 걸 뜻한다. 비례배정은 납입한 증거금 비율에 따라 배정하는 방식으로, 증거금을 더 많이 넣을수록 공모주를 많이 받을 수 있다. 현금부자인 투자자가 유리한 방식이다. 균등배정과 비례배정을 혼합해 공모주를 배정하는 경우가 많으니 이 부분은 투자자들이 미리 확인해보는 게 좋다.

상장 당일이 되면 개장 전 청약한 주식이 계좌로 입고된다. 주식시장이 개장하면 시초가가 형성되는데, 이 시초가는 공모가의 60~400% 범위에서 형성된다. 예를 들어, 공모가가 1만 원이었다면, 시초가는 6,000원에서 4만 원 사이에 결정된다. 오전 9시가 되면 장이 열리면서 투자자들은 공모주를 자유롭게 매매할 수 있다.

'따따블'이 가능하니 첫날 수익률이 최대 300%까지 도달할 수 있는 셈이다. 다만 시장의 변동성이 확대되거나 오버행 부담이 있다면 손실을 볼 수 있다. 공모가를 하회해 장을 마감하는 경우도 심심치 않게 나오니 공모 청약으로 받은 주식을 계속 보유할지, 매도할지를 투자 판단에 따라 잘 결정해야 한다.

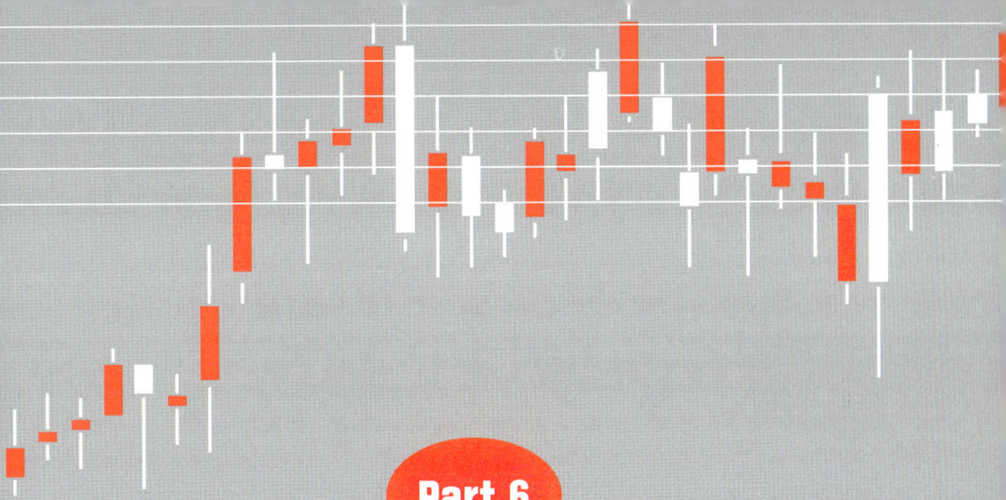

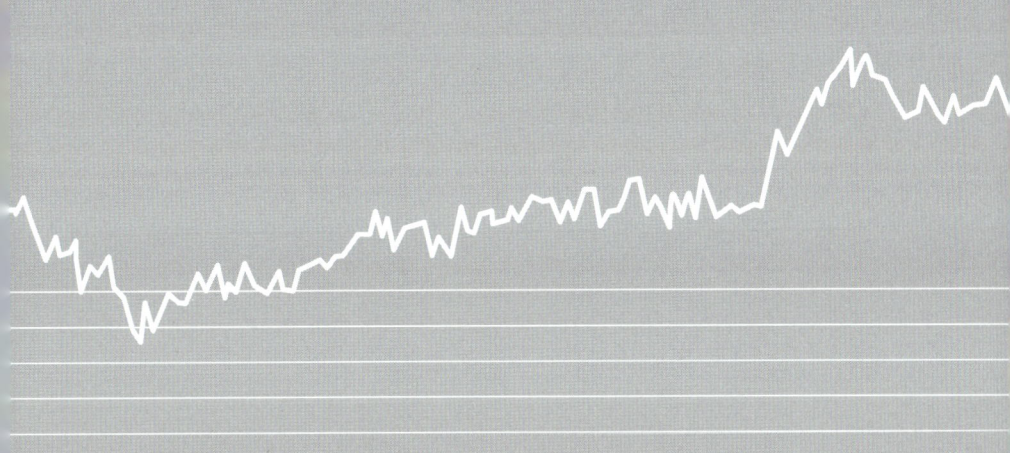

Part 6

미국 주식투자
전략

미국 주식,
기초부터 알고 투자하자

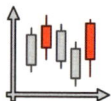

꾸준히 증가하는 실적과 우상향하는 주가를 보면서 미국 증시에 투자하는 서학개미들이 점점 늘어나고 있다. 국내 주식시장보다 우량 기업이 더 많이 상장돼 있고, 안정적인 수익과 배당을 모두 얻어갈 수 있을 것이라 투자자들이 굳게 믿고 있기 때문이다. 하지만 미국 주식이 언제나 수익을 가져다주는 것은 아니다.

미국 주식과 국내 주식의 차이점

미국 주식은 글로벌 경제 위기가 오거나 금리 인상이 시작될 때, 혹은 기업들의 실적이 악화가 될 때 더 큰 아픔을 주기도 한다.

그래서 '아묻따(아무것도 묻고 따지지 않고)' 미국 주식에 투자하면 안 되고, 어느 정도 기본적인 개념을 알고 접근해야 한다.

미국 주식과 국내 주식엔 여러가지 차이점이 있다. 우선 미국 주식은 달러로 매매가 진행된다. 원화로 매매하는 건 불가능하기에 반드시 원화를 달러로 바꾸는 환전 과정을 거쳐야 한다. 증권사 MTS, HTS 등에서 환전이 가능하며, 실시간 변동하는 환율 시세에 맞춰 원화와 달러가 교환된다.

국내 증시에는 시장 안정화와 투자자 보호를 위해 상·하한가 제도가 확립되어 있다. 코스피, 코스닥시장은 일일 가격 변동폭이 기준 가격 대비 ±30%로 제한된다. 하지만 미국 증시는 이런 제도가 없다. 즉, 하루에 50% 이상 상승할 수도, 하락할 수도 있다는 소리다. 어찌 보면 한국보다 더 높은(?) 변동성을 가졌다고 할 수 있다.

프리마켓, 애프터마켓, 서머 타임

미국 증시가 운영되는 시간 역시 다르다. 미국 장은 크게 정규장, 프리마켓(pre-market), 애프터마켓(after-market)으로 나뉜다. 정규장은 미국 동부 표준시를 기준으로 오전 9시 30분부터 오후 4시까지 열린다. 한국 시간 기준으로 오후 11시 30분에서 다음날 오전 6시까지다.

프리마켓이란 것이 있는데, 여기는 정규장이 개장하기 전 거래가 진행되는 곳이다. 미국 시간으로 오전 4시부터 9시 30분, 한국 시간으로 오후 6시부터 11시 30분까지 진행된다. 전날 장 마감 후 나온 주요 공시나 기업 실적을 초기에 대응하기 위해 열리는 시장

미국 증시 거래 시간

구분	동부 표준시(ET) 기준	한국 시간(DST 미적용) 기준	한국 시간(DST 적용) 기준
프리마켓	새벽 4:00 ~ 오전 9:30	오후 6:00 ~ 오후 11:30	오후 5:00 ~ 오후 10:30
정규장	오전 9:30 ~ 오후 4:00	오후 11:30 ~ 다음 날 오전 6:00	오후 10:30 ~ 다음 날 오전 5:00
애프터마켓	오후 4:00 ~ 저녁 8:00	다음 날 오전 6:00 ~ 오전 10:00	다음 날 오전 5:00 ~ 오전 9:00

으로, 정규장보다 유동성이 적어 가격 변동성이 큰 편이다.

애프터마켓은 정규장이 끝난 후 거래가 진행되는 곳으로 미국 시간으로 오후 4시부터 8시, 한국 시간으로 오전 5시부터 9시까지 진행된다. 프리마켓과 마찬가지로 유동성이 적은 편이며, 지정가 주문만 사용 가능하다.

아울러 서머 타임(summer time)이 적용되는 매년 3월 둘째 주 일요일부터 11월 첫째 주 일요일까지는 미국과 한국의 시차가 1시간 줄어들어, 거래 시작과 종료 시간이 달라진다. 서머 타임 기간 정규장은 한국 시간 기준으로 오후 10시 30분부터 다음날 오전 5시까지 진행된다.

양도소득세

세금과 관련해서도 아주 중요한 차이가 있다. 국내 주식을 매도하면 매도 금액에 대한 0.15%의 증권거래세만 내면 되지만, 미국 주식을 포함한 해외 주식은 매매차익에 대해 양도소득세가 부과된다. 1월 1일부터 12월 31일까지 1년 동안 발생한 양도차익에 대해 22%(양도소득세 20%+지방소득세 2%)가 부과된다.

국내 주식과 해외 주식의 과세 비교

	국내 주식	해외 주식
매도 시 과세 방식	증권거래세	양도소득세
세율	0.15%	22%(지방소득세 포함)
신고납부 의무	매도 시 자동 징수	매년 5월 직접 납부
기본 공제	없음	연간 250만 원

한 가지 더 알아둬야 할 점은 매매 시점의 환율 변동까지 고려해 양도차익이 계산된다는 것이다. 기본 공제액은 연간 250만 원으로, 250만 원을 초과하는 수익에 대해선 세금을 내야 한다. 예를 들어, 미국 주식에 투자해 1년에 500만 원의 순익이 발생한 경우 (500만 원-250만 원)×0.22=55만 원의 세금을 내야 한다. 해외 주식 양도소득세의 경우 소득이 발생한 투자자가 이듬해 직접 신고를 하고 납부를 해야 한다.

거시경제 지표 알아두기

미국 주식에 투자하기 위해서는 주요 매크로 지표에 친숙해지는 게 좋다. 개별 기업을 꼼꼼하게 살펴보고 투자하는 걸 원칙으로 삼아야 하지만, 전체 미국 경제와 주식시장이 어떻게 돌아가는지 파악해도 나쁠 건 없다. 이 지표들은 연준의 통화정책 결정에 중요한 판단 지표로 활용되기도 한다.

소비자물가지수 CPI

미국의 물가 변동을 측정하는 핵심 지표로 쓰이는 게 바로 소비자물가지수다. 영어로 CPI, Consumer Price Index라고 한다. CPI는 '장바구니 물가'라고 불리며 소비자가 구입하는 재화와 서비스의 가격 변동을 나타내는 지표다. 주로 '전년 동월 대비 ~% 상승/하락', '전월 대비 ~% 상승/하락' 식으로 발표되는데, 인플레이션이 진행되는 구간에선 CPI가 상대적으로 큰 폭으로 오른다. CPI는 주거, 음식료, 교통, 의료, 의류 등 8개 카테고리로 구성된다. 그중 주거비가 3분의 1로 가장 높은 비중을 차지한다.

PCE는 개인소비지출지수로, 개인들이 재화와 서비스를 소비하는 데 쓰인 모든 비용들을 토대로 산출되는 지표다. 가계뿐 아니라 가계를 위해 회사나 정부가 대신 지출한 비용도 모두 포함한다는 게 CPI와의 차이점이다. PCE는 주거비 비중이 15%로 CPI보다 낮고, 특정 품목의 가격이 오르면 소비자가 이보다 저렴한 다른 품목으로 옮겨간다는 대체 효과를 더 잘 반영한다는 것도 특징이다. PCE는 연준이 통화정책을 결정할 때 많이 참고하는 지표로 쓰인다.

근원(Core) CPI, PCE라는 개념도 있다. 근원 CPI, PCE는 이 두 지표에서 변동성이 큰 에너지와 식품 가격을 제외하고 산출되는 소비자 물가지표를 말한다. 근원 PCE의 경우 연준이 가장 많이 참고하는 지표로 알려져 있다.

생산자물가지수 PPI

미국 생산자물가지수(PPI)는 CPI, PCE와 함께 3대 핵심 물가지수로 꼽힌다. PPI는 미국 내 생산자가 최종적으로 만드는 제품을 판매하고 받는 가격의 변화를 나타내는 지수로, 미국의 전반적인 물가 수준과 인플레이션 압력이 어느 정도인지를 파악하는 데 주로 사용된다. PPI는 CPI, PCE와 마찬가지로 매월 발표된다.

PPI는 CPI보다 선행한다는 특징이 있어 PPI가 오르면 향후 소비자 물가가 오를 수 있다는 신호로 읽힌다. 기업의 생산 비용이 늘어나면 그만큼의 비용을 소비자에게 전가하기 때문이다. 만약 전가하지 못하면 기업의 마진 악화로 연결될 수 있다. PPI도 식품과 에너지 가격을 뺀 근원 PPI가 있다. 근원 PPI는 생산자 물가의 장기적인 추세나 인플레이션 정도를 파악하는 데 유용하게 쓰인다.

제조업 구매자관리지수 PMI

미국의 제조업 경기 동향을 파악하기 위해선 ISM 제조업 구매자관리지수(PMI)를 주로 활용한다. PMI는 미국 공급관리협회가 전국의 제조업체 구매 담당자들에게 신규 주문, 생산 계획 등에 대한 설문조사를 한 걸 바탕으로 매월 발표된다. 신규 주문, 생산, 고용, 공급자 납품 시간, 재고 등 핵심 항목에 가중치를 부여해 산출된다.

PMI는 경기 흐름을 가장 빨리 알 수 있는 선행 지표로 주로 쓰인다. 보통 PMI는 50을 기준으로 50보다 높으면 제조업 경기가 확장되고 있고, 이보다 낮으면 경기가 위축되고 있다고 판단한다. 제조업은 전반적인 경기 상황의 핵심 축이기에, PMI를 통해 경기 성장 및 둔화 여부를 파악해볼 수 있다.

고용지표

미국 연준이 통화정책을 결정할 때 중요하게 보는 또 하나의 지표가 바로 고용지표다. 고용이 국가의 경제 활동과 인플레이션에 실질적인 영향을 미치기 때문에 연준뿐 아니라 전 세계 투자자들이 고용지표 발표를 주목하곤 한다.

그중 매월 발표되는 비농업고용지수(NFP)가 중요한 편이다. 비농업고용지수는 농업, 축산업을 제외한 모든 업종의 고용 인구수의 변화를 나타내는 지표다. 기업들이 새로운 일자리를 얼마나 많이 창출하는지를 직접적으로 보여주므로 실질경제의 단면을 여실히 보여준다는 평가를 받는다. 비농업고용지수가 시장 예상치보다 크게 웃돌거나 밑돌면 글로벌 경제 및 증시에 즉각적인 변동을 주기도 한다. 비농업고용지수는 매월 첫 번째 금요일에 발표된다.

이 외에도 많은 경제 지표들이 있고 미국뿐 아니라 중국, 일본 등의 국가에서도 다양한 지표를 발표한다. 중국, 일본 증시를 투자하는 투자자라면 그 국가에서 발표되는 거시경제 지표를 확인할 필요가 있다. 아울러 매달 발표되는 경제 지표들은 시장 전망치와 비교해 높은지 낮은지, 이에 따른 시장의 반응은 어떤지 항상 체크하는 게 중요하다.

미장,
결국 실적이 답이다

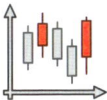

    S&P500, 나스닥종합지수 등 주요 지수에 투자하는 게 아니고 미국 증시에 상장된 개별 기업에 투자하는 것이라면, 결국 그 기업의 면모를 꼼꼼하게 따져봐야 한다. 국내 기업과 관련해선 DART, KIND 등의 공시 사이트를 통해 정보를 얻었는데, 미국 주식도 기업이 내는 다양한 보고서와 IR 자료를 통해 상당히 많은 정보를 얻을 수 있다.

    미국 증권거래위원회(SEC)의 EDGAR 시스템에서 회사 이름, 티커, CIK 번호를 검색하면 모든 공시 자료를 검색해볼 수 있다. 홈페이지가 영어로 돼 있지만 AI 번역의 도움을 받아 직접 들어가서 관심 있는 기업들의 공시를 직접 살펴보자.

10-K 리포트를 통해 미국 기업 공시 살펴보기

미국 기업들이 내는 공시 중 가장 중요하게 살펴봐야 할 것이 바로 10-K 리포트다. 10-K 리포트는 우리나라의 연간 사업보고서에 해당하는 것으로, 기업의 재무 상태, 운영 성과, 리스크 등을 상세하게 적어놓은 자료다. 기업들은 10-K 리포트를 매년 회계연도 종료 후 일정 기간 내 SEC에 제출해야 한다.

10-K 리포트는 일반적으로 사업 및 리스크, 재무 성과, 경영진 및 지배구조, 참고사항 등 4개의 파트로 나뉜다. 거의 모든 기업들이 이 구성을 기본 틀로 이용하고 있다. 첫 번째 파트인 사업 및 리스크는 그 기업의 사업 내용과 리스크 요인, 물리적 자산에 대한 정보, 법적 소송 및 분쟁 현황 등이 포함된다. 리포트의 앞부분인

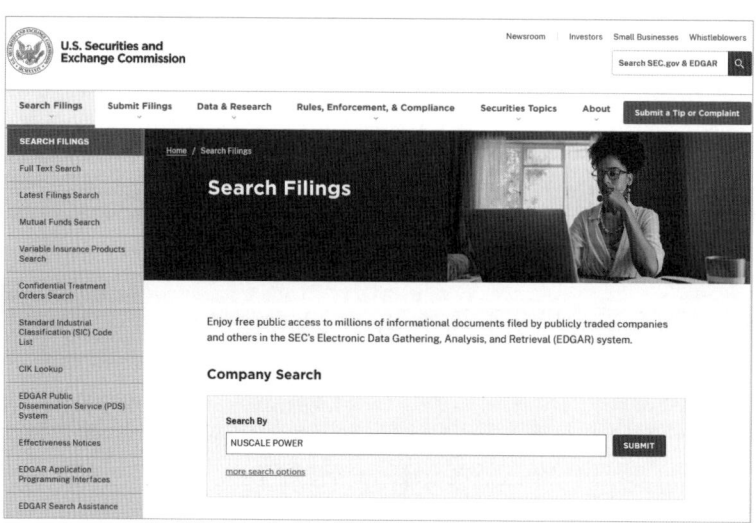

SEC 공식 웹사이트. EDGAR 검색을 이용하면 기업들의 공시를 확인할 수 있다.

만큼 사업 내용과 리스크 요인을 간략하게 적어 놓았기에 이 부분을 기본적으로 이해하고 넘어갈 필요가 있다.

두 번째 파트는 재무 성과 및 시장 정보를 알려주는 내용들로 구성된다. 기업의 핵심이 되는 정보들은 여기에 주로 포진돼 있다고 해도 과언이 아니다. 그중에서도 MD&A와 재무제표(Financial Statements and Supplementary Data)를 집중적으로 볼 필요가 있다.

MD&A 부분은 경영진이 직접 작성한 회사의 재무 상황, 경영 성과, 현금 흐름 등에 대한 분석과 전망이 담긴다. 기업이 이전에 목표로 세웠던 실적을 얼마나 달성했는지, 향후 사업의 미래 방향성 등을 상세하게 적어 놓았기에 반드시 파악하고 넘어가야 한다. 사업의 리스크 설명(Quantitative and Qualitative Disclosures About Market Risk) 등의 항목에서 회사 경영진이 판단한 중요한 리스크 요인을 분석해서 투자자에게 알려주기도 한다.

재무제표는 감사인의 의견이 포함된 감사를 받은 것으로 재무상태표, 손익계산서 등으로 구성된다. 실질적으로 이 기업이 얼마나 재무 건전성을 갖췄는지 숫자를 통해 평가할 수 있는 것으로 투자자라면 재무제표는 꼭 파악하고 넘어가야 한다. 재무제표 주석도 상세하게 달려있어 이전 10-K 리포트와 비교해 무엇이 변화했는지 파악해보는 데도 용이하다.

세 번째 파트에서는 경영진 및 지배구조를 파악해볼 수 있다. 이사회 멤버가 어떻게 구성됐는지, 그리고 그 기업의 지배구조가 어떻게 돼 있는지 상세하게 파악해볼 수 있다. 아울러 경영진에게 지급되는 보수 체계에 대한 내역까지 볼 수 있다. 네 번째 파트는 주요 법적 문서 및 회계 정책들을 참고로 첨부해둔 곳으로 이슈가 있을 경우 확인하고 넘어가는 게 좋다.

분기별 어닝 시즌 따라가기

기업의 주가는 EPS와 PER의 곱으로 구성된다. 즉, 실적이 받쳐주지 않으면 주가가 올라갈 수 없다는 소리다. 미국 증시에 투자할 때도 기업들의 분기, 반기, 연간 실적은 꼭 확인해볼 필요가 있다. 어닝 시즌 결과에 따라 미국 기업들의 주가도 크게 움직이니 놓치지 않는 것이 바람직하다.

미국 상장 기업의 실적을 확인할 때 가장 먼저 봐야 할 것이 10-Q 리포트다. 10-K 리포트가 연간 종합 보고서라면 10-Q 리포트는 분기 종합 보고서다. 기업들은 매 분기가 끝나고 45일 이내에 10-Q 보고서를 발표한다. 10-Q 보고서는 1·2·3분기 재무 및 운영 성과를 알려주는 중간 보고서로 EDGAR 시스템을 통해 확인할 수 있다.

참고로 4분기 성과는 10-K 리포트의 연간성과에 포함돼 나온다. 10-Q 리포트는 그 기업의 가장 최신 정보를 담고 있으므로 투자자들은 이를 통해 분기 실적, 단기적 경영 성과, 리스크 요인 변화 등을 파악해볼 수 있다. 다만 10-K 리포트보다 짧고 외부 감사인의 검토만 거친 미감사 재무제표를 포함하고 있으므로 신뢰도가 약간 낮을 수 있다.

아울러 분기 혹은 연간 실적 발표 직후 월가 애널리스트, 기관 및 일반 투자자 등을 대상으로 진행되는 어닝 콜도 확인해봐야 한다. 어닝 콜은 CEO, CFO 등 기업 경영진이 나와 직접 해당 기간의 재무 성과와 향후 사업 전망에 대해 설명하는 자리다. 다음 분기 혹은 내년 연간 실적 전망치를 제시하기에 투자자들도 이 기업의 미래 수익을 가늠해볼 수 있다.

기업 경영진의 발표가 끝나면 Q&A 세션을 진행하는데 이땐 월가 애널리스트, 기관 투자자의 질의가 시작된다. 촌철살인의 질문이 쏟아지고, 이에 대해 정확한 답변을 해주기 때문에 Q&A 세션에서 나오는 경영진의 말도 잘 정리해둘 필요가 있다.

어닝 콜은 한국 시간으로 새벽에 진행된다. 실시간으로 참여하거나 볼 수 없기에 각 기업의 IR 홈페이지에 업로드된 PPT 자료와 녹취록, 혹은 실시간 스트리밍 사이트의 녹화본 등을 활용하는 게 좋다. 블룸버그, 로이터 혹은 국내 언론 기사 등을 참고해서 어닝 콜 때 무슨 얘기가 오갔는지를 보는 것도 한 가지 방법이다.

빅테크의
이모저모

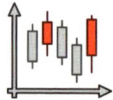

서학개미 투자자들에게 익숙한 미국 주식은 바로 '매그니피센트(magnificent) 7'이다. M7라 불리며 미국 주식시장의 성장을 이끌고 있는 초대형 기술주들이다. 이들은 높은 성장성과 수익, 시장 지배력을 바탕으로 우리나라뿐 아니라 전 세계 투자자의 주목을 한 몸에 받고 있다. 간혹 M7에 대한 회의론이 불거지는 경우도 있지만 압도적인 실적으로 이를 불식시키곤 한다.

M7에 주목하는 이유

M7 기업은 애플, 마이크로소프트, 알파벳(구글), 아마존, 엔비디

┌ Microsoft Corporation, 미국, 달, 나스닥 ~ ⊙⊙ 시 514.44 고 553.36 저 506.05 종 542.07

542.07

600.00
500.00
400.00
300.00
200.00
100.00
0

Investing.com

거래량 (20) ~ ⊙⊙ⓧ 357.395M 433.875M

2B
433.875M
357.395M

2009 2011 2013 2015 2017 2019 2021 2023 2025

마이크로소프트 주가 추이   출처·인베스팅닷컴

아, 테슬라, 메타다. 이들 기업들은 미래 성장 비즈니스를 영위하
는 패스트무버라는 공통점이 있다. AI가 각광받는 현재 엔비디아,
마이크로소프트, 알파벳 등은 AI 혁명을 선도하고 있다.

엔비디아는 AI 연산에 필요한 GPU(그래픽처리장치) 시장을 독점하
고 있고 마이크로소프트, 알파벳 등은 AI 소프트웨어 기술 개발과
관련 인프라 투자에도 열을 올리고 있다. 클라우드, 소셜 미디어
등 미래 핵심 산업으로의 확장 가능성도 있어 미래 성장성이 매우
높은 편이다.

아울러 이 기업들은 경제적 해자를 확보하고 있다. 경제적 해자
는 기업이 장기적인 이익을 유지할 수 있도록 유지할 수 있도록 보
호해주는 경쟁 우위를 뜻한다. 경제적 해자의 판단 기준은 무형 자
산, 네트워크 효과, 전환 비용, 원가 우위 등인데, 워런 버핏과 같은
전설적인 투자자들은 경제적 해자를 확보한 기업에 주목해왔다.

M7도 경제적 해자를 강력하게 구축한 기업들이다. 마이크로소 프트의 엑셀, 워드, 파워포인트 같은 MS 오피스 소프트웨어는 현 재 전 세계 모든 기관과 기업들이 사용을 한다. MS 오피스에 대항 하는 새로운 소프트웨어가 나온다고 하더라도 시장 점유율을 크게 확보하긴 힘들 것이다. 이미 MS 오피스는 글로벌 표준이 됐기 때 문에 새로운 소프트웨어로 바꿀 요인이 적고, 이 표준을 바꾸는 데 들어가는 비용과 시간이 상당히 크기 때문이다.

마이크로소프트뿐 아니라 다른 M7 기업들도 강력한 경제적 해 자를 활용해 여전히 최고의 글로벌 빅테크로 자리하고 있다. M7의 성장성이 높기 때문에 주가도 줄곧 우상향해왔다. 현재도 높은 영 업이익률을 유지하면서 막대한 현금 흐름도 창출하고 있어서 M7 의 시장 지배력은 계속 유지될 것으로 전망된다.

차세대 빅테크를 발굴하자

미국 증시에는 M7 외 다른 빅테크 기업도 많다. 맞춤형 AI 칩 을 설계하는 브로드컴부터 글로벌 컨텐츠 기업 넷플릭스, 빅테이 터 분석 소프트웨어 기업 팔란티어 테크놀로지스까지 다양하다. 이 기업들은 대부분 나스닥에 편입돼 있다. 현재는 전 세계적 주목 을 받으며 주가가 큰 폭으로 상승했다.

현재도 실적과 주가가 모두 우상향하는 M7, 빅테크 기업들에 투자하는 것은 아주 좋은 방법이지만 소위 말해 '엣지 있는' 투자자

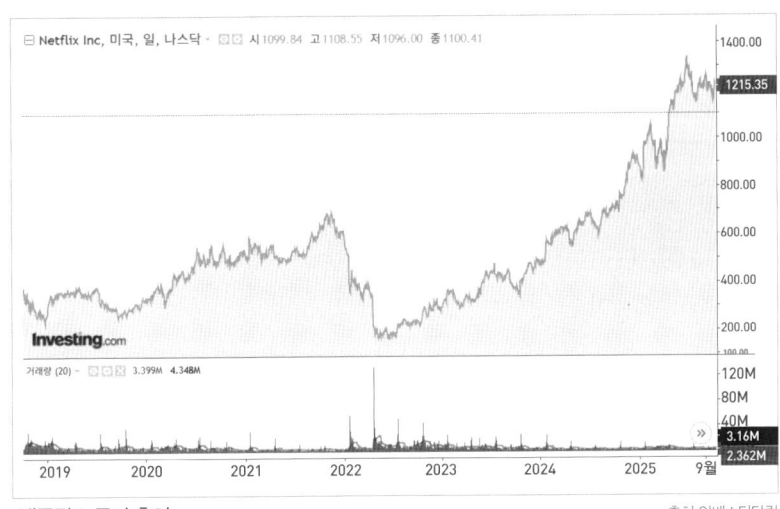

넷플릭스 주가 추이

출처:인베스팅닷컴

들은 차세대 M7, 빅테크 기업들을 발굴하는 데 나설 것이다. 과거 테슬라는 주식시장에서 큰 주목을 받지 못했지만, CEO인 일론 머스크의 꿈이 실현되면서 주가가 크게 상승했고 단숨에 M7 반열에 오르기도 했으니 말이다.

차세대 빅테크 기업들을 발굴하려면 먼저 거시적인 기술 트렌드를 익히는 게 중요하다. 현재 미래 기술이 어떤 방향으로 흘러가는지를 잘 파악하고 관련된 기사, 리포트, 도서 등을 읽어보자. 시간이 된다면 그 분야의 전문가 혹은 관련 기업 CEO 인터뷰 등도 기사, 유튜브를 통해서 살펴보는 것이 좋다.

그런 다음 개별 기업이 경제적 해자를 확보할 만한 요소를 갖췄는지를 확인하는 것이 중요하다. 다른 경쟁사에 비해 차별화된 기술 혹은 시장성은 무엇인지 따져보고 그게 시장에서 대체 불가능한 독점적인 지위를 만들어줄 수 있는지를 봐야 한다.

　가장 기본이 되는 실적도 확인할 필요가 있다. 꿈만 가진 기업은 버블이 터지며 붕괴되는 경우도 많다. 따라서 그 기업의 이익 성장률, 매출액 등 정량적인 지표를 잘 따져봐야 한다. 간략하게 언급만 했지만 이외에도 차세대 빅테크를 발굴하기 위한 방법들이 무수히 많다. 미래 산업에 관심이 있고 높은 성장성을 추구하는 투자자라면 고된 과정을 감내하는 게 필요할 것이다.

든든한
미국 우량주 투자

워런 버핏이 몇 십년간 꾸준하게 사랑한 곳이 있다. 바로 코카콜라다. 버크셔해서웨이 정기 주주총회에서도 워런 버핏은 코카콜라를 마시면서 투자자들의 질의를 받는 것으로 유명하다. 코카콜라 투자자로도 유명한데, '영원히 보유할 주식'이라고 하면서 30년 넘게 코카콜라 주식을 들고 있다.

버핏은 왜 코카콜라를 사랑할까? 실속 있는 배당주

코카콜라에 투자하는 이유는 여러가지가 있겠지만 경제적 해자를 보유하고 꾸준한 현금흐름을 창출한다는 점 등을 꼽을 수 있

코카콜라 연간 주당 배당금 및 배당률

	연말 종가	연간 주당 배당금	연말 기준 배당률
2024	$62.26	$1.94	3.12%
2023	$58.93	$1.84	3.12%
2022	$63.61	$1.76	2.77%
2021	$59.21	$1.68	2.84%
2020	$54.84	$1.64	2.99%
2019	$55.35	$1.60	2.89%
2018	$47.35	$1.56	3.29%
2017	$45.88	$1.48	3.23%
2016	$41.46	$1.40	3.38%
2015	$42.96	$1.32	3.07%
2014	$42.22	$1.22	2.89%
2013	$41.31	$1.12	2.71%
2012	$36.25	$1.02	2.81%
2011	$34.99*	$0.94*	2.69%
2010	$32.88*	$0.88*	2.68%
2009	$28.50*	$0.82*	2.88%
2008	$22.64*	$0.76*	3.36%
2007	$30.69*	$0.68*	2.22%
2006	$24.13*	$0.62*	2.57%
2005	$20.16*	$0.56*	2.78%
2004	$20.82*	$0.50*	2.40%
2003	$25.38*	$0.44*	1.73%
2002	$21.92*	$0.40*	1.82%
2001	$23.58*	$0.36*	1.53%
2000	$17.58*	$0.32*	1.82%

을 것이다. 안정적인 수익을 바탕으로 경기 침체나 시장 변동성에 상관없이 현금을 창출한다는 건 투자자 입장에서 아주 매력적으로 작용한다. 게다가 수십년간 꾸준히 배당금을 지급하고, 이를 계속해서 늘려왔다. 코카콜라는 투자자로 하여금 지속적인 장기 투자 효과를 누릴 수 있는 최상의 조건을 갖췄다고 봐도 과언이 아니다.

미국 증시엔 코카콜라와 같이 안정적인 현금 흐름을 바탕으로 꾸준히 배당금을 늘려온 '배당 성장주'들이 많다. 특히 배당금을 50년 이상 늘려온 기업에게 '배당킹(Dividend King)'이란 칭호를 붙이기도 한다. 경기 불황, 금융위기 등의 상황 속에서도 안정적인 실적을 바탕으로 매년 배당금을 꾸준히 인상해왔는데 존슨앤존슨, 3M, P&G(프록터 앤 갬블) 등이 여기에 속한다.

코카콜라는 배당금을 늘려온 기간이 60년이 넘기 때문에 배당킹 그룹에 속한다고 볼 수 있다. 25년 이상 배당금을 인상한 곳을 '배당귀족(Dividend Aristocrat)'이라고 하는데 엑슨모빌이 여기에 속한다. 엑슨모빌과 함께 맥도날드, IBM, 캐터필러 등도 배당귀족 등급에 포함된다. 이외에 애플, 마이크로소프트, 비자 등과 같이 배당금을 10년 연속 인상해온 '배당 컨텐더(Dividend Contender)' 기업들도 배당 투자자들의 주목을 받고 있다.

만약 안정적인 현금 흐름을 창출하면서 동시에 성장을 추구한다면 이러한 배당 성장주에 투자하는 게 좋다. 지속적으로 배당금을 인상하기 때문에 복리 효과를 톡톡히 누릴 수 있고, 인플레이션 구간에서 배당 성장주는 물가 상승률을 상쇄할 만큼의 배당금을 인상하기에 어느 정도 헤지가 된다. 10년, 20년 이상 배당 성장주에 장기 투자를 했다면 은퇴 시점이 왔을 때 배당금만으로 영구적인 현금을 확보할 수 있을 것이다.

글로벌 트렌드를 이끄는 기업, 어디에 있을까?

코카콜라를 포함한 고배당 기업들을 위주로 살펴봤다면, 이젠 글로벌 트렌드를 이끄는 소비재 기업들은 어떤 곳이 있을지도 한 번 살펴보도록 하자. 전 세계 소비 트렌드를 이끄는 곳은 미국이라고 해도 과언이 아니다. 3억 명이 넘는 인구의 입맛과 눈길을 사로잡는 외식, 패션, 명품 브랜드들이 미국에서 유행하면 전 세계로 퍼지는 건 시간 문제다. 따라서 미국의 유행을 선도했던 상장 기업도 주식시장에서 크게 주목받았다.

한국인들에게도 유명한 대표적인 요가복 브랜드 '룰루레몬'을 예로 들 수 있다. 1998년 캐나다에서 시작한 룰루레몬은 기능성과 신축성을 모두 잡은 요가복으로 소비자들의 입소문을 타면서 큰 인기를 끌었다. 다만 가격이 비쌌다. 룰루레몬 매장을 가본 소비자들은 알겠지만 룰루레몬 레깅스 제품의 가격은 10만 원을 넘는 경우가 많다. 하지만 이것이 룰루레몬의 전략이었다. 30대 돈 많은 여성을 타깃으로 명품 요가복 브랜드 마케팅을 펼쳤고, 매장 일부에서 프리미엄 요가 수업을 진행하는 등 차별화 전략을 펼쳤다. 이 같은 전략이 소비자들의 마음을 동하게 했고, 룰루레몬은 글로벌 요가복 패션 기업으로 성장할 수 있었다.

'진정성 있는 음식(Food with Integrity)'이라는 철학으로 타코, 부리토, 쿼사디아 등을 만드는 '치폴레 멕시칸 그릴'도 어마어마한 외식 기업 중 하나다. 직영점을 중심으로 운영하는 치폴레는 신선한 재료로 빠르게 멕시칸 푸드를 만들어 미국의 MZ 소비자들을 사로잡았고 이들을 충성 고객층으로 만들었다. 최근에는 해외시장을 중심으로 비즈니스 모델을 바꾸고 있는데, 2023년 중동 지역 프랜차이즈 유통기업인 알샤야 그룹과 협업해 매장을 오픈했다. 한국의 SPC 그룹의 계열사 빅바이트컴퍼니와도 합작법인을 설립해 한국과 싱가포르에 점포를 낸다. 이러한 전략적 행보가 치폴레를 거대 글로벌 브랜드로 키우고 있는 것이다.

룰루레몬, 치폴레뿐 아니라 미국 증시엔 다양한 소비재 기업들이 상장돼 있다. 글로벌 소비 트렌드를 이끄는 기업이 되면 주가 또한 큰 폭으로 상승해온 걸 확인해볼 수 있다. 다만 그 트렌드가 꺾이거나 성장세가 둔화돼 주식시장의 평가가 미온적으로 바뀌면 주가가 금방 하락세로 바뀌는 경우도 왕왕 나온다.

따라서 이 기업들을 투자할 때는 투자자 본인도 글로벌 소비 트렌드에 민감하게 따라가야 할 필요가 있다. 룰루레몬 투자자라면 한국에 있는 룰루레몬 매장이라도 자주 찾아 방문해 신제품이 무엇인지 확인하고, 치폴레 투자자라면 한국에 진출한 치폴레 매장에 오픈런해 제품을 먹어보는 수고로움도 마다하지 말아야 할 것이다.

금융, 리츠, 에너지 기업도 눈여겨보자

고배당 필수 소비재, 헬스케어 기업과 글로벌 소비 트렌드를 이끄는 미국 기업이 있다면, 안정적인 매출과 이익을 바탕으로 커온 우량 기업도 있다. 미국의 경제 시스템을 오랫동안 구축해온 글로벌 금융기업들과 부동산, 에너지 기업들이 그 주인공이다. 이들 기업의 역사는 매우 길다. 그만큼 안정적인 사업 구조를 갖추고 있고 꾸준한 배당을 통해 투자자들에게 이익을 환원해왔다. 주가도 우상향해왔기에 미국 증시에 관심이 많은 투자자라면 고려해보는 게 좋다.

금융 기업

초고속으로 성장하는 빅테크와 달리 이미 산업이 성숙된 상태로 안정적인 이익을 창출하고 그 과실을 투자자들에게 환원하고 있는 금융기업도 많다. 뱅크오브아메리카, 씨티그룹, 골드만삭스 등의 금융 기업들은 주주들에게 높은 배당금을 지급하는 경향이 있다.

다만 앞서 살펴본 필수소비재 기업들과는 다른 특징이 있다. 일단 금융주는 금리에 매우 민감하게 반응한다. 일반적으로 금리가 올라가는 구간에선 순이자마진이 개선돼 실적이 개선되지만, 경기 침체기엔 부실 대출 등으로 대손충당금을 쌓느라 실적이 둔화될 수 있다.

글로벌 금융기업은 어디까지나 정부당국의 규제를 받으므로 배당을 반강제적으로 줄이거나 중단할 수 있다. 때문에 배당킹, 배당 귀족에 들어가지 못하는 경우가 많다. 따라서 금리 사이클에 따라 실적이 개선되는 구간에서 주가 상승과 고배당을 동시에 노린다면 금융주를 투자해보는 것도 좋은 방법이다.

리츠

국내에선 재미없는 섹터로 분류되는 리츠도 고배당주로 분류된 다. 리츠는 투자자들로부터 자금을 모아 오피스, 물류센터, 호텔, 주거시설 등에 투자하고 거기서 나오는 임대수익을 주주들에게 배 당금 형태로 돌려주는 간접투자기구다. 투자자들은 큰 목돈을 들 이지 않고 소액만으로 리츠에 투자해 부동산에서 나오는 임대수익 을 얻고, 안정적으로 자산을 구축해 나갈 수 있다.

리츠에 투자하면 고배당을 받을 수 있는데, 이는 미국의 세제 때문이다. 리츠가 세금 감면 혜택을 받기 위해서는 과세소득의 최 소 90% 이상을 주주들에게 배당금으로 지급해야 한다. 기업 차원 에서 법인세가 면제되므로 주주들에게 고배당을 지급할 수밖에 없 는 구조로 돼 있다. 고배당을 노리는 투자자라면 미국 리츠에 주목 해봐도 좋다.

다만 리츠는 부동산을 매입할 때 현금을 투입하면서도 대규모 의 대출도 사용한다. 금리가 올라가는 국면에서는 대출에 대한 이 자 비용이 증가해 주주들에게 돌아가는 배당금이 줄어들 수 있다. 반대로 금리가 내리면 배당금을 늘릴 여력이 생긴다. 따라서 리츠 도 금융주와 마찬가지로 금리 사이클을 잘 보면서 투자해야 한다.

에너지 기업

글로벌 에너지 기업들도 고배당 기업으로 분류된다. 엑슨모빌, 셰브론, 데번 에너지, EQT 코퍼레이션 등이 여기에 속하는데, 이미 이 기업들은 막대한 원유 시추 및 석유제품 생산을 위한 시설투자를 끝내 놓았다. 때문에 현금이 생기면 투자에 쓰이는 게 아니고 배당금을 지급하거나 자사주를 매입하는 등 주주환원에 사용하는 경우가 많다. 엑슨모빌과 셰브론은 이미 배당 귀족 등급에 이름을 올리고 있다.

유가나 천연가스 가격이 높아지면 에너지 기업의 이익도 올라간다. 반대의 경우엔 자연스럽게 기업 이익이 줄어든다. 에너지 원자재의 변동성이 워낙 크므로 주주에게 돌아가는 배당금도 달라질 가능성이 있는데 최근 에너지 기업들이 변동 배당(Variable Dividend)을 시행하면서 어느 정도 예측 가능성이 생겼다.

변동 배당은 유가 등락과 관계없이 최소 배당금을 기본 배당 형태로 정하고, 거기에 실적에 따라 추가로 배당을 지급하는 방식이다. 따라서 고배당 에너지 기업에 투자하려면 유가를 트래킹하고 각 기업들의 배당 정책을 살펴보는 게 필요하다.

Part 7

ETF로 장기 투자
시작하기

워런 버핏도 극찬한
ETF

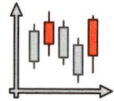

가치 투자의 대가, 오마하의 현인으로 불리는 워런 버핏 버크셔 해서웨이 회장은 아주 단순하지만 현명한 분석으로 저평가 기업을 발굴해 큰 수익을 내는 것으로 유명하다. 그런 버핏 회장은 투자에 대해 잘 알지 못하는 아내에게 2013년 유언장을 통해 자신만의 투자 원칙을 알려줬다.

ETF란 무엇인가?

"내가 죽으면 현금의 10%를 단기 국채에 넣고 90%를 낮은 비용의 S&P500 인덱스 펀드에 넣어라(뱅가드(Vanguard)를 추천한다). 고액의 수수료를 받는 매니저를 고용하는 투자자가 달성하는 성과보다 훨씬 더 우수할 것이다."

즉, 아주 저렴한 비용으로 S&P500 지수 전체에 투자하라는 것인데, 버핏 회장이 말하는 상품은 VOO(Vanguard 500 Index Fund) ETF로 추정된다. 2010년 미국시장에 상장된 VOO는 S&P500 지수를 추종하며 애플, 마이크로소프트, 엔비디아, 아마존 등 미국의 대표 대형주 500개 종목을 담은 대표적인 ETF 상품이다. 운용 보수도 0.03%로 저렴한 편이다.

VOO와 같은 ETF는 낮은 비용으로 다양한 종목에 분산 투자할 수 있는 금융 상품이기에 초보 투자자들이 쉽게 접할 수 있는 금융 상품이다. ETF는 S&P500뿐 아니라 다우존스, 나스닥, 일본 닛케이225, 코스피 등 주요국 대표 지수를 추종해 만들어지기도 한다.

ETF가 일반 펀드와 다른 점

ETF는 영어로 Exchange Traded Fund다. 상장지수펀드라는 뜻으로 본질적으로 펀드의 일종이다. 하지만 일반 펀드와 큰 차이가 난다. 일반 펀드의 경우 은행 혹은 증권사를 통해 거래한다. 하지만 ETF는 일반 주식처럼 주식시장에 상장돼 있어 투자자들이 직접 실시간으로 거래할 수 있다. 대부분의 ETF는 편입 종목이 어떤 것들인지 각 ETF 운용사 홈페이지에 공개된다. 자신의 투자금이 어떤 종목과 업종에 투자되고 있는지를 쉽게 확인할 수 있다는 소리다.

ETF와 일반 펀드의 비교

	ETF	일반 펀드
거래 방식	주식시장에서 실시간 거래	은행/증권사를 통해 거래
운용 보수	낮은 편	높은 편
운용 방식	패시브	액티브
투명성	높음	낮음

일반 펀드의 경우 은행 혹은 증권사를 통해 거래한다. 하지만 ETF는 일반 주식처럼 주식시장에 상장돼 있어 투자자들이 직접 실시간으로 거래할 수 있다.

대부분의 ETF는 특정 지수를 추종하는 패시브(Passive) 형태로 운용되기 때문에 운용 보수가 상대적으로 저렴한 편이다. 반면 일반 펀드는 펀드 매니저의 운용 성과에 따라 수익이 결정되기 때문에 상대적으로 운용 보수가 높다. 이러한 운용 방식을 액티브(Active)라고 부른다. 최근엔 시장 수익률을 앞지르는 걸 목표로 삼는 액티브 ETF도 출시되고 있다.

ETF로 장기 투자가 가능한 이유

ETF는 장기 투자 관점에서 봤을 때 아주 좋은 상품으로 꼽힌다. 낮은 비용으로 여러가지 종목들에 분산 투자해 복리 효과를 극대화할 수 있기 때문이다.

분산 투자로 위험을 줄인다

주식에 투자할 때 가장 어려운 점은 바로 투자 대상 기업의 호재와 악재들에 민감하게 반응해야 하는 것이다. 투자자 입장에서 보통 호재는 주가가 상승하기에 크게 신경을 쓰지 않지만, 악재의 경우 얘기는 달라진다. 파산 신청, 횡령, 경영 악화 등 예측 불가능한 변수들로 주가가 큰 폭으로 하락할 수 있고, 투자자는 이 리스크를 고스란히 떠안게 된다.

하지만 ETF는 적게는 수십 개, 많게는 수백 개의 기업을 담고 있기에 한 종목에서 발생하는 리스크에 상대적으로 자유로운 편이다. 따라서 개별 기업이 갖고 있는 리스크를 줄일 수 있다는 차원에서 장기 투자의 유인이 된다.

다양한 ETF들이 있지만, 통상 투자자들이 주목하는 ETF들은 시장 전체를 따라가는 상품들이다. 버핏 회장이 추천했던 VOO의 경우도 S&P500 시장 전체를 추종하는 ETF다. 미국, 일본, 유럽 등 대부분의 국가 경제가 장기적인 우상향 궤적을 그리고 있는데 투자자들은 이에 의지해 손쉽게 투자를 이어갈 수 있다.

아울러 ETF는 일정한 규칙에 의해 재조정되는데, 이 과정에서 자동적으로 불량 기업을 편출하고 새로운 우량 기업을 편입하기도 한다. 개별 종목에 투자한다면 그 기업의 재무구조를 일일이 추적해야 하지만 ETF의 경우 이러한 번거로운 과정을 거치지 않아도 된다. 따라서 장기 투자 지향하는 투자자들은 ETF를 통해 상대적으로 쉽게 자신의 포트폴리오를 관리할 수 있다.

복리 효과 극대화 노린다

ETF는 개별 기업에 투자하는 것보다 큰 수익을 내진 못한다. 하지만 복리 효과를 극대화하면서 안정적인 투자를 이어갈 수 있기에 매우 적합한 상품으로 평가받는다.

ETF는 일반 펀드나 다른 간접 상품 투자에 비해 운용 보수, 수수료 등이 상대적으로 저렴한 편이다. 복리 효과를 저해하는 가장 큰 요인 중에 하나가 바로 높은 수수료인데, ETF는 대부분의 원금을 지키면서 길게 투자를 이어갈 수 있게 해준다. 미국 운용자산 상위 100개 ETF의 평균 수수료는 0.14%에 불과하다.

아울러 ETF는 투자한 자산에서 발생하는 배당금이나 이자 등의 분배금을 재투자하는 경우가 많다. 즉, 수익금을 직접 현금으로 주지 않고 ETF에 재투자해 늘어난 원금의 플러스 알파의 수익을 창출할 수 있게 한다.

매월 적립식 투자금이 50만 원이고 수수료가 0.04%, 연 수익률이 12%인 ETF가 있다고 가정을 하자. 이 ETF에 장기 투자한다고 했을 때 총 자산과 수익률을 계산해보면 아래와 같다. 5년 동안 투자할 경우 총 수익률이 34.3%밖에 안 되는 것 같지만 30년 후 959.4%로 크게 상승한다. 즉, 낮은 비용으로 장기적인 복리 효과를 실현하는 데에는 ETF가 매우 이상적인 수단으로 쓰일 수 있다는 것이다.

- 월 적립액 50만 원
- 연 수익률 12%(복리)
- 연 수수료 0.4%

- 실질 수익률 12%-0.4%=11.6%
- 월 실질 수익률 $(1+0.116)(1/12)-1$=약 0.91448%

ETF 장기 투자 수익 계산 결과

기간	원금	수익금	총 자산	총 수익률
5년(60개월)	3,000만 원	1,029만 원	4,029만 원	34.30%
10년(120개월)	6,000만 원	4,775만 원	1억 775만 원	79.60%
20년(240개월)	1억 2,000만 원	3억 567만 원	4억 2,567만 원	254.70%
30년(360개월)	1억 8,000만 원	17억 2,698만 원	19억 698만 원	959.40%

ETF의 종류

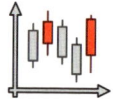

초보 투자자들이 가장 손쉽게 접근할 수 있는 ETF는 바로 주요국 지수를 추종하는 ETF 상품이다. 앞서 살펴봤던 VOO도 S&P500 지수를 추종하는 ETF 상품이다. 하지만 VOO말고 S&P500 지수를 추종하는 상품은 정말 다양하다.

주요 지수 추종 ETF

세계 최초 ETF 상품인 SPY도 그중 하나다. SPY는 1993년에 출시된 ETF로 정식 명칭은 SPDR S&P500 ETF Trust다. 거래량이 상당히 많은 편에 속하지만 운용 보수는 0.09% 수준으로 VOO보다 높은 편이다. 이외에 IVV, SPLG 등도 S&P500 지수를 추종하는 상품으로 미국 증시에서 거래가 가능하다.

국내 주식시장에도 S&P500 지수를 추종하는 ETF 상품들이 다수 상장돼 있다. 국내 ETF 명칭은 자산운용사 이름과 투자 대상 순으로 구성된다. 먼저 ETF를 만든 회사명이 앞에 붙는데, TIGER는 미래에셋자산운용, KODEX는 삼성자산운용, PLUS는 한화자산운용 등을 나타낸다.

그 다음 투자처, 투자대상, 헤지(H) 여부 순으로 나온다. (H)는 환율 변동의 위험을 회피하도록 설계돼 있다는 뜻으로 주로 해외 자산에 투자하는 ETF 뒤에 붙는다. 'ACE 미국나스닥100'은 한국투자신탁운용(ACE)에서 출시했고 미국의 나스닥100 지수를 기초지수로 삼은 ETF라는 뜻이다.

'TIGER 미국 S&P500' ETF는 국내 S&P500 지수 추종 ETF 중 규모가 가장 크다. 앞에 있는 TIGER는 ETF를 운용하는 운용사의 명칭을 나타내는데, TIGER는 미래에셋자산운용이 운용하는 상품이라는 걸 나타낸다. KODEX 미국S&P500, RISE 미국S&P500, HANARO 미국S&P500 등 다양한 국내 운용사들도 S&P500 지수를 추종하는 ETF 라인업을 갖추고 있다.

S&P500 지수를 추종하는 ETF 상품들

	ETF명
해외	SPY, VOO, IVV, SPLG 등
국내	TIGER 미국 S&P500, KODEX 미국S&P500, RISE 미국S&P500, HANARO 미국S&P500 등

미국 증시에 투자하는 상품 외 중국, 일본, 유럽 등 주요국 지수에 투자하는 ETF도 다양하다. 국내 투자자에게 익숙한 중국과 홍콩에 투자하는 대표적인 ETF는 ASHR, FXI, MCHI 등이다. ASHR은 중국 상하이, 선전 증시에 상장된 대형주 300개에 투자하는 ETF로 중국의 음식료, 금융 업종 등이 포함돼 있다. FXI는 홍콩 증시에 상장된 대형주 50개에 집중 투자하는 ETF로 중국 빅테크 기업인 알리바바, 텐센트, 샤오미 등을 편입하고 있다. 국내에는 'TIGER 차이나CSI300', 'KODEX 차이나CSI300' 등의 상품이 상장돼 있다.

일본 증시에 투자하는 상품들도 다양하다. EWJ는 1996년에 출시된 최초의 일본 증시 투자 ETF로 도요타, 미쓰비시, 소니, 히타치, 닌텐도, 소프트뱅크 등을 편입하고 있다. 배당 수익률도 2% 수준으로 비교적 높은 편이다. 국내 주식시장엔 주로 일본 주요 지수인 닛케이225, TOPIX100 지수 등을 추종하는 상품들이 상장돼 있다. 대표적으로 'TIGER 일본니케이225', 'ACE 일본Nikkei225(H)', 'KODEX 일본TOPIX100' 등이다.

업종·테마형 ETF

산업이 다양해지고 경제적 트렌드가 변화함에 따라 ETF도 다양하게 출시되고 있다. 주요 지수만 추종하는 게 아니고 특정 산업이나 기술에 집중 투자하는 ETF도 생기고 있다. 이를 업종·테마형 ETF라고 한다.

업종·테마형 ETF들은 경기 및 금리 순환 사이클에 따라 그 수요가 달라진다. 경기가 회복하고 금리가 내려가는 구간에선 금융, 산업재, IT(정보기술), 소재 관련 업종들이 주목을 받기 때문에 이러한 업종·테마에 집중 투자하는 ETF의 수요가 많아진다. 반대로 경기가 후퇴하고 금리가 올라가는 국면에선 에너지, 유틸리티, 헬스케어 등 경기방어주를 주로 담고 있는 ETF로 투자금이 몰리게 된다.

미국 증시엔 각 산업을 대표하는 글로벌 기업들이 상장돼 있는데, 업종·테마형 ETF들도 그러한 기업들을 묶어서 편입하고 있다. 특히 IT, 헬스케어, 에너지, 소비재, 항공우주, 금융, 운송 등 각 산업들에 대한 ETF가 거의 다 있다고 봐도 무방하다. 일부 ETF들은 투자자들에게 배당금을 지급하기도 한다.

가령 미국 S&P500 내 에너지 관련 기업들에 투자하는 XLE ETF가 있다. 이 ETF는 엑슨모빌, 셰브론, 코노코필립스, 윌리엄스 컴퍼니즈, 매러선 페트롤리엄 등 대형 석유 및 가스 회사 26개를 담고 있다. 배당률도 3~4%로 분기 배당을 지급하고 있어 안정적인 현금 흐름을 원하고 에너지 수요 증가에 투자하고 싶은 투자자에겐 안성맞춤인 ETF로 평가받는다. 이 외에도 XLC, XLU, XLP, XLI, XLF, KRE, KBWB, IYT, IGV 등 다양한 산업에 집중 투자하는 ETF들이 있다.

국내 유망산업에 투자하는 ETF도 있다. 다양한 운용사들에서 업종·테마형 ETF를 만들었는데, 조선, 화장품, 증권, 건설, 철강, 반도체, 방산 등에 집중 투자하는 상품들이 있다. 특히 국내 유망산업 혹은 업황에 따라 다소 특별한 전략을 갖고 출시된 업종·테마형 ETF들이 많다. 반도체 전공정, 후공정 업체들을 분리시켜 투자하는 상품(SOL 반도체전공정, SOL 반도체후공정), 중국 전기차 산업에 특화시킨 상품(TIGER 차이나전기차SOLACTIVE), 코스피·코스닥시장에 상장된 대표 원자력 관련 기업 10개에 집중 투자하는 상품(ACE 원자력 TOP10) 등 다양한 컨셉의 ETF들이 지금도 출시되고 있다.

국내 상장 주요 업종·테마형

유형	구분	티커	ETF 명
섹터	한국코스피200 정보기술섹터	139260 KS	TIGER 200 IT
	한국헬스케어섹터	143860 KS	TIGER 헬스케어
	한국리츠&사회기반투융자회사	476800 KS	KODEX 한국부동산리츠인프라
	한국코스피200 필수소비재섹터	139280 KS	TIGER 경기방어
	한국배당우수금융지주/금융섹터	484880 KS	SOL 금융지주플러스고배당
	한국코스피200 에너지화학	139250 KS	TIGER 200 에너지화학
	한국코스피200 커뮤니케이션서비스섹터	315270 KS	TIGER 200커뮤니케이션서비스
	한국코스피200 경기소비재섹터	139290 KS	TIGER 200 경기소비재
	한국코스피200 산업재섹터	227550 KS	TIGER 200 산업재
산업	한국방위산업	449450 KS	PLUS K방산
	한국자동차산업	091180 KS	KODEX 자동차
	한국고배당은행주	466940 KS	TIGER 은행고배당플러스TOP10
	한국Wise 화장품산업	228790 KS	TIGER 화장품
	한국미디어콘텐츠산업	228810 KS	TIGER 미디어컨텐츠
	한국소프트웨어산업	157490 KS	TIGER 소프트웨어
	한국코스피200 중공업산업	139230 KS	TIGER 200 중공업
	한국증권산업	102970 KS	KODEX 증권
	한국건설대표기업10	117700 KS	KODEX 건설
	한국보험산업	140700 KS	KODEX 보험
	한국철강대표기업10	117680 KS	KODEX 철강
	한국KRX 운송산업	140710 KS	KODEX 운송

출처:미래에셋증권

액티브 ETF vs 패시브 ETF

ETF는 대부분 특정 기초 지수를 추종하는 패시브 형태로 만들어진다. 즉, 기초지수를 따라 움직이기에 투자자는 그만큼의 기대 수익을 얻을 수 있다. 아울러 포트폴리오 구성 종목도 투명하게 공개되니 향후 흐름에 대해 비교적 쉽게 예측이 가능하다는 특징이 있다.

패시브 ETF와 달리 기초지수의 성과를 뛰어넘는 것을 목표로 하는 액티브 ETF도 있다. 최초의 액티브 ETF는 2008년 미국의 투자은행인 베어스턴즈(Bear Stearns)에서 출시한 베어스턴즈 커런트일드 ETF(YYY)다. 운용사가 다양한 채권에 투자하면서 포트폴리오를 적극적으로 관리하면서 이 ETF를 운용해갔다. 베어스턴즈가 파산한 이후 이 ETF는 상장 폐지됐지만 이후 패시브, 액티브 ETF의 구분이 더욱 명확해졌다.

현재 액티브 ETF는 채권뿐 아니라 주식, 원자재 등 다양한 자산으로 구성된 상품들이 출시되고 있다. 2017년 채권형 액티브 ETF가 국내 증시에 처음 등장한 이후, 일반 투자자들이 관심을 갖는 주식형 액티브 ETF 상품들도 하나둘씩 나오기 시작했다. 가장 최근엔 코스닥을 비교 지수로 하는 KoAct 코스닥액티브, TIME 코스닥액티브 등의 ETF 상품이 출시됐다. 참고로 액티브 ETF 상품의 경우 명칭 끝에 '액티브'를 붙이는 경우가 많다.

액티브 ETF는 펀드매니저가 시장 상황에 따라 적극적으로 종목을 선별하고 비중을 조절할 수 있는 상품이다. 변화하는 시장 상황에 탄력적으로 대응할 수 있다는 장점이 있다. 하지만 일반 펀드와

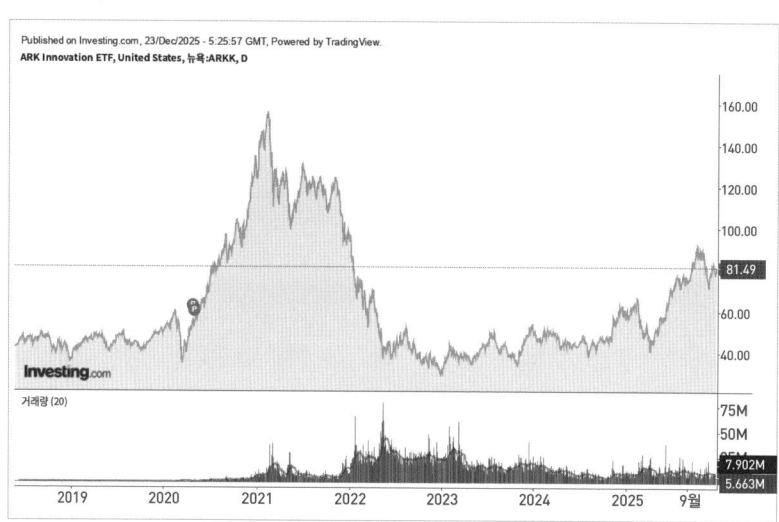

아크 인베스트먼트의 액티브 ETF인 ARKK 주가 추이. 2020년 주가가 큰 폭으로 올랐으나 2021, 2022년엔 그간의 상승분을 도로 토해냈다.

출처·인베스팅닷컴

마찬가지로 매니저 역량에 따라 시장 성과 대비 높은 수익을 낼 수 도 있고 낮은 수익을 낼 수도 있다. 캐시 우드(Cathie Wood)가 이끄는 아크인베스트먼트의 대표 액티브 ETF인 ARKK는 2020년 수익률 이 크게 상승했지만 2021년, 2022년 금리 인상기 때는 각각 24%, 67%의 손실을 기록하기도 했다.

액티브 ETF는 일반적으로 패시브 ETF보다 운용 보수가 높은 편이다. 매니저의 종목 리서치와 적극적인 운용에 따른 비용이 발 생하기 때문이다. 미국 신규 상장 ETF 중 액티브형 ETF의 비중은 2022년 66.8%였으나 2024년 80.6%로 증가했다. 글로벌 주식시장 이 점점 더 성장하고 변화가 빨라짐에 따라 액티브 ETF 출시도 증 가하는 추세다.

배당, 채권, 코인도
ETF로 투자하라

투자자들은 장기적으로 자산을 불리기 위해 ETF를 선택하는 경우가 많다. 리스크를 감수하고 높은 수익을 내기보다는 원금을 잃지 않는 선에서 안정적인 수익과 배당을 챙기는 것을 염두에 둔 투자자들이 개별 주식보다 ETF 투자를 선호한다. 보통 퇴직연금이나 IRP 계좌를 활용해 안정적인 고배당 상품을 찾는데, ETF에도 고배당 혹은 월배당을 주는 상품들이 많아 활용도가 꽤 높은 편이다.

고배당 ETF

고배당 ETF는 기본적으로 현금 흐름의 안정성을 확보하는 데 중점을 둔다. 편입 자산에서 나오는 배당이나 이자이익, 프리미엄 등을 모아서 일정 시기에 투자자들에게 분배금 형태로 지급하는 게 일반적이다. 그래서 고배당 ETF엔 주로 일정 기간 동안 배당금을 연속적으로 증가시킨 기업이 편입된다.

국내 투자자들에게 익숙한 SCHD가 바로 고배당 ETF의 대표주자다. SCHD는 재무 건전성과 배당 지속성이 우수한 미국 상장 기업 중 최소 10년 이상 연속으로 배당금을 지급한 기업들을 선별해 투자하는 ETF다. SCHD는 배당금이 꾸준히 상승하면서 인플레이션율 이상의 배당소득을 낼 수 있는 걸 목표로 한다. 분기별로 투자자들에게 분배금을 주며, 12개월 배당수익률은 약 3.5~3.9%다.

SCHD는 영업활동으로 발생되는 이익을 당장 미래를 위한 투자에 쓰는 고성장 기술주보다 경기변동에 큰 영향을 받지 않는 음식료, 헬스케어, 에너지, 금융 등의 업종을 주로 담는다. 편입 기업으론 코카콜라, 암젠, 머크, 펩시코, 록히드마틴, 세브론, 홈디포, 시스코시스템즈 등이 있다.

SCHD ETF란?

추종 지수	Dow Jones U.S. Dividend 100 Index
투자 방식	10년 이상 배당금 지급하고 성장시킨 미국 상장 기업
배당수익률	연 3.5~3.9%
지급 시기	분기 배당
운용 보수	연 0.06%
편입 종목	애브비, 록히드마틴, 암젠, 머크, 펩시코, 시스코시스템즈, 알트리아, 코카콜라, 세브론, 홈디포 등
운용사	찰스 슈왑

SCHD 외 VIG, VYM, DGRO 등 배당 성장 이력과 고배당 우량주를 위주로 담은 다양한 고배당 ETF들도 미국 증시에 상장돼 있다. 국내에도 SCHD와 비슷한 종목 선정 방식으로 만들어진 ETF들이 있다. TIGER 미국배당다우존스, ACE 미국배당다우존스, TIME 미국배당다우존스액티브 등은 SCHD와 동일한 지수를 추종하는 상품으로 환전 없이 원화로 SCHD와 같은 미국 배당주 포트폴리오에 투자하는 효과를 얻을 수 있다.

RISE 고배당, RISE 코리아금융고배당, PLUS 고배당주, SOL 코리아고배당 등의 ETF들은 국내 증시에 상장된 고배당 기업들을 담은 상품이다. 각 ETF마다 편입 종목들과 비중이 다르게 구성되므로 ETF 운용사 홈페이지를 통해 상세한 정보를 파악한 후 투자하는 것이 좋다.

커버드콜 ETF

월배당 상품으로 인기를 끌고 있는 '커버드콜' ETF도 있다. 커버드콜이란 주식 등 기초자산을 보유한 상태에서 콜옵션을 매도해 수익을 내고, 이를 분배금 형태로 투자자들에게 지급하는 전략을 일컫는다. 즉, 투자자에게는 기초자산으로 나오는 배당금이나 이자이익과 함께 콜옵션을 매도하면서 얻는 옵션 프리미엄을 주게 되는 것이다. 인기 있는 커버드콜 ETF의 경우 월배당 형태로 투자자들에게 분배금을 지급한다.

커버드콜 ETF의 전략은 다음과 같다. 만약 기초지수가 횡보하면 옵션 프리미엄을 얻어 수익을 내고, 하락하면 옵션 프리미엄이 손실폭을 메꿔준다. 하지만 상승장에선 수익이 제한된다는 단점이 있다. 기초자산 가격이 크게 오른다면 일반 ETF는 그 상승분만큼의 수익을 모두 가져갈 수 있지만 커버드콜 ETF는 콜옵션 때문에 주가 상승으로 인한 이익을 온전히 누리지 못한다. 따라서 하락장이나 횡보하는 박스권에서 유용한 ETF로 평가받는다. 최근엔 기초자산의 상승분을 일부 반영하도록 설계되는 2세대 커버드콜 상품이 출시되고 있다.

커버드콜 ETF 중 대표적인 상품은 JEPI다. JEPI는 S&P500 지수 내에서 변동성이 낮고 배당수익률이 비교적 높은 종목을 선별적으로 투자한다. 이와 함께 커버드콜 전략을 이용해 S&P500 지수

커버드콜 기본 수익구조

출처:금융감독원, 아주경제

에 대한 콜옵션 매도 포지션을 취하며 옵션 프리미엄을 수취한다.

JEPI는 액티브 ETF로 콜옵션 매도 비중을 시장 상황에 맞게 유동적으로 조정한다. JEPI는 매월 배당을 지급하는 월배당 ETF다. 연 7~9% 수준의 배당 수익률을 내며, 배당금에 대한 재투자도 가능하다. 하지만 다른 커버드콜 ETF와 마찬가지로 상승장에선 수익률이 제한된다. 따라서 투자자들은 높은 수익을 내기보단 매월 꾸준한 현금흐름을 창출하는 걸 염두에 두고 JEPI 투자를 고려하는 게 좋다.

국내에도 커버드콜 전략을 활용한 ETF들이 다수 출시돼 있다. 'TIGER 미국테크TOP10타겟커버드콜' ETF는 옵션 매도 비중을 조정하면서 연 10%의 옵션 프리미엄 수익을 목표로 한다. 'KODEX 미국S&P500변동성확대시커버드콜' ETF는 미국 증시 변동성 지수인 VIX의 흐름에 따라 콜옵션 매도 비중을 조절하는 특징을 갖고 있다. 개별 ETF마다 구사하는 커버드콜 전략이 다르므로 항상 투자설명서를 자세히 읽고 투자에 임하는 게 좋다.

채권 ETF

일반 투자자들이 쉽게 투자하기 어려운 채권도 ETF로 투자할 수 있다. 채권은 정부나 기업 등이 투자자로부터 자금을 위해 발행하는 채무 증서로 만기일에 원금과 이자를 지급하는 증권화된 금융상품이다. 채권은 큰 규모로 발행되기에 보통 기관 투자자들이 투자한다. 개인 투자자들은 장외시장에서 직접 증권사에 문의해 매수하는 방식으로 진행되기에 상당히 번거롭다. 하지만 채권을 묶어놓은 ETF를 통해 매수하면 실시간으로 원하는 종류의 채권에 투자할 수 있다.

채권 ETF는 발행 주체에 따라 국공채, 회사채, 주요국 발행 채권 ETF 등으로 나뉜다. 국공채 ETF는 정부나 공공기관이 발행하는 채권에 투자하는 상품이다. 이해를 돕기 위해 국내 ETF를 예로 들어 설명하자면 KIWOOM 국고채10년 ETF는 장기 국고채 10년물 최근 발행 3종목인 국고채권03250-3512(25-11), 국고채권03000-

KIWOOM 국고채10년 ETF 월봉 주가 추이   출처:nPay 증권

3412(24-13), 국고채권02625-3506(25-5)에 집중 투자하는 벤치마크를 추종한다. 10년물 채권에 투자하기에 전체 채권시장의 평균 듀레이션보다 상대적으로 금리변동에 변동성이 큰 상품으로 꼽힌다.

회사채 ETF는 일반 기업이 발행하는 채권에 투자하는 상품이다. 국공채보다 높은 수익률을 기대할 수 있지만 일반 기업의 신용 위험에 노출돼 있다. 대표적인 회사채 ETF로는 TIGER 우량회사채액티브, KODEX 26-12 회사채(AA-이상)액티브, TIGER 28-04 회사채(A+이상)액티브 등이 있다. 'TIGER 28-04 회사채(A+이상)액티브' ETF의 명칭을 보면 여러가지 숫자와 회사채 등급이 붙어 있는데, 2028년 4월 만기 A + 이상의 회사채에 투자하는 상품이란 뜻이다.

주요국에서 발행하는 채권에 투자하는 ETF 상품들도 있다. EMB는 사우디아라비아, 멕시코, 터키 등 신흥국 채권에 집중 투자하는 상품이다. 달러화 표시 채권으로 포트폴리오가 구성돼 있으며 월배당을 지급해 안정적인 인컴을 선호하는 투자자들이 투자를 고려해볼 만한 ETF로 손꼽힌다. VWOB, EMLC, EBND 등도 신흥국 채권에 투자하는 ETF 상품이다.

회사채 ETF는 소액으로도 다양한 종류의 채권에 분산 투자한다는 이점이 있다. 각 ETF의 채권 포트폴리오가 어떻게 구성돼 있는지 확인할 수 있어 투명성도 확보돼 있다. 하지만 운용 수수료, 거래량, 연간 수익률 등의 조건을 세세하게 비교해보고 자신의 투자 스타일과 상황에 맞는 투자하는 것이 좋다. 앞서 살펴본 EMB, VWOB, EMLC, EBND 등의 신흥국 채권 ETF도 평균 만기, 배당률, 투자 국가 수, 총 보수 등이 모두 차이가 난다.

리츠 ETF

소액으로도 ETF를 활용하면 전 세계 부동산에 투자할 수 있다. 바로 리츠 상품을 묶어 놓은 리츠 ETF에 투자하는 것이다. 리츠는 여러 개 물건을 담은 것부터 하나의 물건만 담은 상품까지 다양하게 존재하는데, 리츠 ETF는 이 리츠 상품들을 묶음으로 투자할 수 있게 구성돼 있다.

리츠 상품은 안정적인 부동산에서 꾸준하게 발생하는 임대료를 배당 재원으로 삼다 보니 배당 투자를 목적으로 한 투자자들에게 인기를 끄는 상품이다. 다만 부동산도 대규모 공실, 금리 변동 등에 따라 리스크가 발생할 수 있기 때문에 리츠 ETF를 활용하면 개별 리츠에 투자하는 것보다 상대적으로 안정감 있게 투자를 이어 갈 수 있다.

미국, 싱가포르, 일본 등 해외시장에선 일찍이 리츠가 우량 투자자산으로 자리잡았고, 리츠 ETF도 많은 편이다. 대표적인 리츠 ETF는 VNQ, SCHH, IYR, REET 등이다. VNQ는 리츠 ETF 중 가장 규모가 크며 미국 상장 리츠 전체에 투자한다. 분기 배당 형태로 분배금을 지급하며 연 배당수익률은 3%대 중반 수준이다. SCHH와 IYR은 VNQ와 유사하게 미국 상장 리츠에 투자하지만 REET는 미국을 포함한 일본, 호주, 영국 등 전 세계 상장 리츠에 분산 투자한다. 하나의 ETF에 투자해 전 세계 부동산에 분산 투자하는 효과를 얻는 셈이다.

국내에도 다양한 리츠 ETF 상품이 있다. KODEX 한국부동산

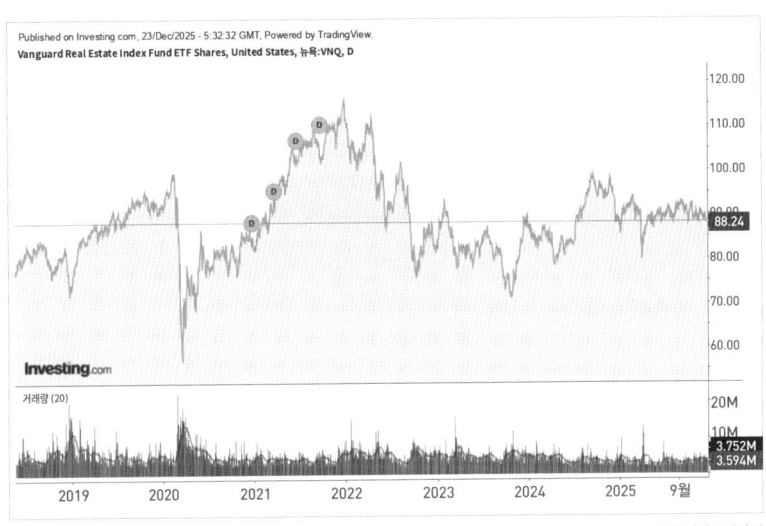

Published on Investing.com, 23/Dec/2025 - 5:32:32 GMT, Powered by TradingView.

Vanguard Real Estate Index Fund ETF Shares, United States, 뉴욕:VNQ, D

VNQ ETF 주가 추이

출처·인베스팅닷컴

리츠인프라, TIGER 리츠부동산인프라TOP10액티브, PLUS K리츠 등의 상품은 국내 상장 리츠와 인프라펀드 등에 투자하는 상품이다. ACE 미국부동산리츠(합성 H), KODEX 일본부동산리츠(H), ACE 싱가포르리츠 등은 해외 상장 리츠들을 투자하는 ETF 상품들로, 그 국가의 리츠들을 국내에서 투자할 수 있다는 장점이 있다.

코인 ETF

암호화폐와 블록체인은 이제 대체자산 중 하나로 자리잡았다. 실시간으로 거래되면서 다양한 생태계를 구축하고 있는데 이러한 암호화폐, 블록체인 ETF도 빠르게 성장하고 있다. 미국 상장 암호화폐 ETF 운용자산 규모는 2024년 1월 비트코인 현물 ETF 상장 이후 폭발적으로 확대됐다. 2025년 3월 기준 미국 상장 암호화폐 ETF 운용자산 규모는 1,012억 달러다. 암호화폐, 블록체인 관련 시장이 향후 더욱 더 확대될 것으로 예상된다. 이 시장의 장기 발전을 긍정적으로 전망한다면 변동성이 큰 암호화폐 직접 투자보다 ETF를 통해 장기 투자를 이어나가는 것도 하나의 방법이다.

먼저 블록체인 산업에 투자하는 ETF부터 살펴보자. 블록체인 기술을 개발하거나 관련 금융 서비스를 제공하는 기업들에 집중 투자하는 ETF로 BLOK, LEGR, BITQ 등이 있다. BLOK은 순자산 80% 이상을 블록체인 기술 개발하거나 이를 적극적으로 활용하는 기업 주식에 투자한다. 사이퍼 마이닝, 로빈후드, 코인베이스 글로벌, 갤럭시 디지털 홀딩스, 코어 사이언티픽 등을 담고 있다. BLOK은 기업에 투자하는 ETF이기에 연 1회 배당금을 지급한다.

암호화폐에 투자하는 ETF도 있는데 통상 현물, 선물 ETF로 나뉜다. 현물 ETF는 실제로 그 암호화폐를 보유하는 것이고, 선물 ETF는 암호화폐 선물 관련 계약에 투자하는 방식이다. 선물 ETF의 경우 운용사가 암호화폐의 미래 특정 시점 가격을 예측하는 선물 계약을 매매하고, 이러한 변동을 통해 수익을 내는 방식으로 수익을 낸다. 즉, 미래 가격을 예상하고 투자해 시세 차익을 노리는 것이다.

BITO가 미국에서 최초로 상장된 비트코인 선물 ETF다. BITO는 미국 시카코상품거래소에서 거래되는 비트코인 선물을 기초 자산으로 한다. 미국 채권을 큰 비율로 담고 있기에 비트코인이 큰 폭으로 하락해도 BITO는 어느 정도 손실폭이 줄어들게 된다. 이더리움 선물에 투자하는 ETF로는 EETH가 있다. BITO와 EETH는 모두 월배당 상품으로 분배금을 재투자하면 복리 효과를 누릴 수 있다. 하지만 암호화폐 선물시장의 변동성이 매우 크므로 분배금 규모도 달라질 수 있음을 유의하는 게 좋다.

암호화폐 현물 ETF로는 대표적으로 IBIT가 있다. 운용사가 비트코인을 구매해 보유하고, IBIT의 가치는 비트코인의 시장 가격을 따라 움직인다. 실제 비트코인 가격을 추종하니 선물 거래에서 발생하는 롤오버 비용이나 콘탱고 등의 리스크가 최소화되는 장점이 있다. 하지만 특정 소수 코인에만 집중 투자하게 돼 분산 투자를 하기 힘들다는 단점이 있다.

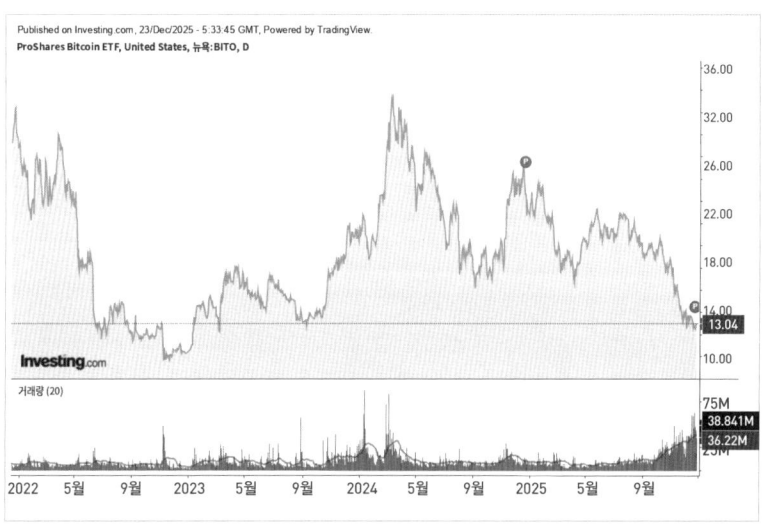

BITO ETF 주가 추이 출처:인베스팅닷컴

변동성 투자 ETF

기초지수의 변동성에 더 크게 베팅하는 ETF도 있다. 바로 레버리지, 인버스 ETF다. 이 ETF들은 일반 ETF와 달리 파생상품을 활용해 운용된다.

레버지리 ETF는 기초지수의 일일 수익률을 n배로 추종하는 상품이다. 주로 일일 수익률의 2배로 구성되는 상품이 많지만 3배짜리도 많다. 레버리지 ETF는 차입 혹은 파생상품 계약을 통해 투자 규모를 키워 기초지수의 움직임보다 더 큰 폭의 성과를 내는 걸 목표로 한다. 만약 기초지수를 2배로 추종하는 레버리지 ETF라면 하루에 수익률이 2% 올랐으면 4%의 수익을 가져갈 수 있다. 반대로 2% 하락했다면 4%의 손실을 기록한다.

대표적인 레버리지 ETF로는 TQQQ가 있다. TQQQ는 미국 나스닥100 지수를 3배로 추종하는 ETF로 강력한 기술주 랠리가 진행된다면 그 효과가 극대화된다. 하지만 기술주 주가가 하락한다면 손실폭이 더욱 커질 가능성이 높다.

기초지수뿐 아니라 개별 종목의 일일 수익률의 n배를 추종하는 상품들도 있다. 테슬라의 일일 수익률 2배를 추종하는 TSLL은 국내 투자자들이 애정(?)하는 레버리지 ETF 상품이다. 이 ETF는 미국주식 개별 종목 레버리지 ETF 중 가장 큰 규모다. 이외에 엔비디아의 일일 수익률 2배를 추종하는 NVDL, 코인베이스의 일일 수익률 2배를 추종하는 CONL, 팔란티어의 일일 수익률 2배를 추종하는 PTIR 등 다양한 상품들이 있다.

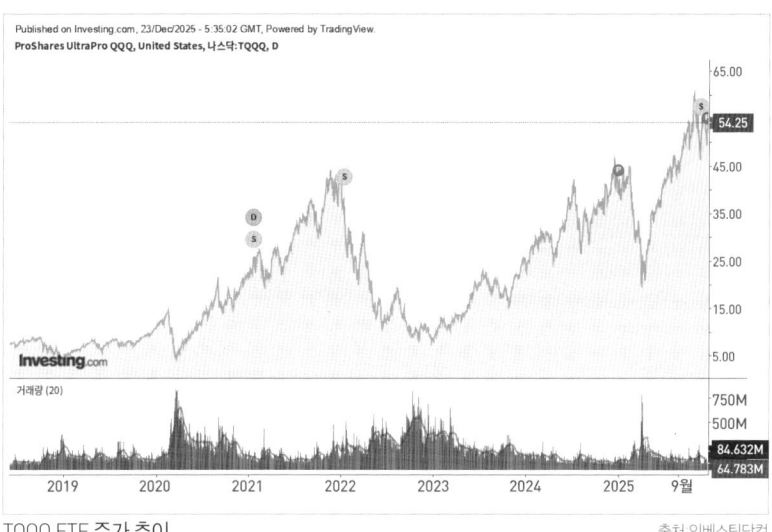

Published on Investing.com, 23/Dec/2025 - 5:35:02 GMT, Powered by TradingView.
ProShares UltraPro QQQ, United States, 나스닥:TQQQ, D

TQQQ ETF 주가 추이 출처 인베스팅닷컴

    인버스 ETF는 기초지수의 일일 수익률을 반대로 추종하는 상품 이다. 기초지수의 일일 수익률이 1%라면 인버스 ETF는 1%의 손 실을 기록한다. 반대로 기초지수가 1% 하락한다면 인버스 ETF는 1% 수익을 낸다. 인버스 ETF외 이 역방향 수익률을 n배 추종하는 곱버스 ETF도 있다. 만약 기초지수의 일일 수익률이 1%의 손실을 기록했다면, 거꾸로 2배 추종하는 곱버스 ETF는 2% 수익을 내게 돼 있다.

    보통 인버스, 곱버스 ETF는 추종하는 기초지수가 하락할 것으 로 예상될 때 활용되는 상품이다. 따라서 하락장 때는 위험회피 수 단으로 사용된다. 대표적인 인버스 ETF는 테슬라 주가를 2배 거꾸 로 추종하는 TSLQ다. 테슬라 주가의 하락 변동성이 상대적으로 커 진 구간에선 이 TSLQ의 수익률이 확대된다. 국내에도 KODEX 인버스, TIGER 차이나CSI300인버스(합성), RISE 팔라듐선물인버스(H) 등 다양한 인버스 상품들이 상장돼 있다.

레버리지, 인버스 ETF를 투자할 땐 항상 주의를 해야 한다. 레버리지, 인버스 ETF는 특정 기간 동안의 누적 수익률이 아닌 일일 수익률을 추종하기 때문에 예상보다 큰 손실을 볼 수 있다. 특히 수익률이 크게 변하지 않는 횡보장에서 장기간 보유했을 때 손실 폭이 커질 가능성이 있다.

기초지수의 변동폭이 커지면서 하루만에 ETF가 0원이 되는 사례도 종종 발생한다. 2025년 1월 8일 젠슨 황 엔비디아 CEO가 세계 최대 IT 전시회인 CES에서 양자컴퓨터에 대한 부정적인 의견을 표하자 양자 컴퓨팅 기업 아이온큐의 주가는 하루만에 39% 하락했다. 그러자 아이온큐의 일일 수익률의 3배를 추종하는 '레버리지 셰어즈 3X 아이온큐'는 100% 넘게 하락, 순자산가치가 마이너스가 되면서 청산됐다.

이렇듯 레버리지 ETF는 뜻밖의 사고(?)로 하루아침에 휴지조각에 될 수 있으므로 투자에 각별한 주의를 기울일 필요가 있다. 레버리지, 인버스 ETF는 단기 투자 시 적당하며 초보 투자자라면 웬만하면 건드리지 않는 걸 추천한다.

ETF 투자 시
유의할 점

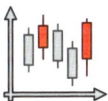

전 세계에는 다양한 ETF 상품들이 주식시장에 상장돼 있다. 하지만 유사한 기업이나 업종을 담아 얼핏 보면 비슷하게 생긴 ETF들이 많다. 따라서 ETF도 주식처럼 잘 골라서 투자해야 할 필요가 있다. ETF를 선별할 때는 내가 투자하고자 하는 ETF가 추종하는 기초지수가 무엇인지 잘 알아봐야 한다.

수수료와 거래량, 꼼꼼히 확인하자

아울러 ETF가 실제 기초자산을 매입하는지 혹은 선물 계약을 이용하는지도 꼭 확인해봐야 한다. 기초자산을 매입해 운용하는

ETF와 다르게 선물 계약을 이용하는 ETF의 경우 롤오버(roll-over) 비용이 발생할 수 있기 때문이다. 롤오버는 만기가 다가오는 선물 계약을 청산하고, 새로운 만기일의 선물 계약으로 갈아타는 것을 말한다. ETF가 편입한 기초자산의 선물 계약 만기가 가까워질 때 다음 만기 선물 계약으로 갈아타야 하는데 이 과정에서 매매 수수료, 시장 충격 비용 등의 추가적인 비용이 발생한다. 또한 만기가 긴 미래 선물 가격이 현재 선물 가격보다 높은 '콘탱고(contango)' 상태가 지속되면 실제 ETF 수익률은 기초자산의 가격 상승률에 못 미치는 경우도 나타난다.

ETF는 저렴한 비용으로 다양한 기업을 묶어서 투자할 수 있다는 장점이 있다. 하지만 ETF도 운용사가 출시한 상품이므로 각각의 상품에 대한 운용 보수를 알아보고 투자에 나서야 한다. 장기 투자 수익의 극대화를 노리려면 운용 보수가 낮은 상품을 고르는 게 현명하다. 또한 ETF의 거래량이 많을수록 투자자가 원할 때 매매가 가능하므로 선택한 ETF의 거래량을 살펴보는 습관을 들이는 게 좋다.

시장 가격과 NAV를 이해하자

ETF는 주식시장에 상장돼 있기 때문에 시장 가격에 따라 거래된다. 그런데 이 과정에서 ETF가 보유한 기초자산의 순자산가치(NAV)와 괴리가 발생할 수 있다. ETF에 대한 수요가 폭증하거나 대규모 물량이 쏟아질 때 수급 불균형이 생기면서 시장 가격과 NAV

사이의 차이가 발생할 수 있다. 해외 자산을 담고 있는 ETF의 경우 현지 거래시간과의 차이로 괴리가 발생할 수 있다.

$$괴리율 = \frac{시장가격 - NAV}{NAV} \times 100$$

　시장 가격과 NAV 사이의 괴리율이 0%에 가까울수록 둘 사이의 괴리가 없다는 걸 의미한다. 괴리율이 1~2% 이상일 때는 그만큼 시장 가격과 NAV 사이의 차이가 크다는 뜻으로, 괴리율이 해소됐을 때 ETF 거래를 시작하는 게 좋다. 괴리율은 장중에도 확인할 수 있고, 종가를 기준으로 산출돼 ETF 운용사 홈페이지나 카인드에 공시가 된다. 이 괴리는 투자 수익률에 직접적인 영향을 미칠 수 있으므로 ETF 거래 전 이를 이해하고 있어야 한다.

ETN, ELW 상품과 헷갈리지 말자

　주식시장엔 ETF 외 다양한 금융상품이 상장돼 있다. ETF와 유사한 이름을 가진 ETN, ELW 등도 상장돼 있어 투자자들이 헷갈려 하기도 한다. ETF와 ETN, ELW 모두 다른 상품이므로 여기선 ETN과 ELW가 어떤 상품인지 간략하게 짚고 넘어가보기로 하자.

　ETN은 증권사에서 발행하는 파생결합증권으로, 영어로 Exchange Traded Note라고 한다. 기본적으로 만기가 있는 무보증, 무담보 채권의 형태를 띠고 있다. 국내엔 주식, 원자재, 채권 등을 담은 ETN 상품들이 다수 상장돼 있다. 한투 금 선물 ETN의 경우 한국투자증권에서 만든 것으로, 금 선물의 일일 수익률을 따라간다. 이 외에도 레버리지, 인버스, 곱버스 ETN 상품들이 있다.

ETN은 ETF와 다르게 만기가 정해져 있는 상품이며, 기초자산을 직접 보유하지 않는다. 일반 ETF가 담기 어려운 원자재, 변동성 상품들을 추종할 수 있는 게 장점이지만 ETN 발행사가 파산하거나 지표가치가 0이 되면 투자금 전액을 잃을 수 있다는 리스크가 있다.

ELW는 주식워런트증권으로 주식에 연계된 권리증서를 말한다. 쉽게 말해 기초자산을 미리 정해 놓은 시점과 가격에 사거나 팔 수 있는 권리가 부여된 상품이다. ELW 투자자는 직접 기초자산을 매매하는 게 아니라 파생상품의 일종인 옵션 권리를 매매한다. 그렇다 보니 작은 투자금으로 기초자산의 높은 변동성에 투자할 수 있다. ELW는 장기적인 자산 증식 목적의 ETF와 다르게 단기간 차익 거래를 목표로 한 상품이므로 초보 투자자들에겐 권하지 않는다.

Part 8

나만의
투자 포트폴리오
만들기

주식 매매,
함부로 하면 안 된다

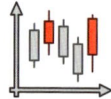

지금까지 주식투자의 기본 개념에 대해 살펴봤다. 이론을 빠삭하게 알더라도 실제 투자를 하지 않으면 무용지물이다. 이론 베이스를 깔고 가장 먼저 해야 하는 작업이 바로 자신만의 투자 원칙과 기준을 세우는 것이다. 모든 일엔 원칙과 기준이 있다. 주식투자도 마찬가지다.

자신만의 원칙과 기준 세우기

자신만의 원칙과 기준을 바로 세우고 투자에 들어가면 시장이 흔들려도 차분하게 장기 투자를 이어갈 수 있다. 그렇지 않으면 지금 올라가는, 그리고 단기 테마성 주식에만 몰빵 투자를 해 큰 낭패를 볼 수 있다.

투자 원칙은 간단하면 간단할수록 좋다. 예를 들어, '산업 내 1등 기업에 투자한다', '연평균 15% 수익을 꾸준히 내는 포트폴리오를 꾸린다' 등이다. 세계적인 투자자인 워런 버핏, 벤저민 그레이엄 등의 투자원칙도 생각보다 단순했다. '자신이 잘 모르는 기업에는 절대 투자하지 않는다'거나 '안전마진을 확보하라'는 등이 바로 그것이다.

이렇게 세운 기본 원칙들은 흔들리지 않도록 어디든 기록해놓는 게 좋다. 주식 차트를 분석하는 컴퓨터 바탕화면에 메모파일로 적어 놓거나 스마트폰 애플리케이션 화면에 보이게끔 해놓는 식으로 스스로 자신이 세운 원칙을 반복적으로 인식할 수 있도록 해야 한다. 이 원칙이 흔들리기 시작하면 자신이 어떻게 투자했는지 망각하고 포모(FOMO, 기회상실 공포)에 빠져 널뛰기 종목만 찾아다니다가 투자를 종료할 수 있다.

자신의 투자 기준도 명확히 세우는 게 중요하다. 특히 기업 혹은 ETF 등 금융상품을 고를 때 어떠한 기준을 갖고 접근하는지가 매우 중요하다. 시클리컬 산업인 반도체에 투자하는 투자자라면 주가는 업황의 6~9개월 선행하는 것을 염두에 두고 자신만의 매매 기준을 정할 수 있겠다. ETF 선별 시 운용 수수료가 0.5% 이상 나가는 것들을 배제한다는 기준을 세우고 그에 적합한 ETF를 고르는 게 또다른 예시가 될 것이다.

기록하는 습관 들이기

자신의 포트폴리오가 어떻게 변화하는지 매일 쓰고 기록하는 게 좋지만 사실상 전업 투자자가 아니고서는 불가능할 것이다. 대부분 직장에 다니거나 사업을 운영할 것이기에 매일 자신의 종목에 대한 사항을 적고 분석하는 건 이상향에 불과할 것이라 생각한다.

그래도 2주 혹은 매달 한 번씩 자신의 포트폴리오와 투자 산업의 동향, 리스크 요인, 뉴스 등을 정리해놓는 게 필요하다. 처음 투자할 때 정했던 목표 수익률과 매수 혹은 매도 금액이 얼마였는지 등도 함께 적어 놓으면서 이 기업에 투자한 이유를 계속 상기하는 것이다. 주말을 이용하거나 저녁 시간 잠깐 짬을 내서라도 면밀히 상황을 쫓아가야 한다. 다양한 상황을 접해보지 못하면 조정을 받는 국면에선 지레 겁을 먹고 섣불리 매도해 주식투자의 즐거움을 맛볼 수 없게 될 수 있다.

이상적인 투자자라면 주가가 저렴해진 구간에 주식을 사고, 비싸진 구간에 팔 것이다. 하지만 인간은 감정과 본능의 동물이기에 순간적인 판단에 의해 매매를 한다. AI가 투자하는 게 아닌 이상 감정적인 매매로 실수하는 경우를 줄이기 위해 포트폴리오에 담긴 주식에 대한 목표 매수, 매도가를 꼭 기록해두는 게 좋다. 필자도 감정적인 매매를 경계하는 편이기에 주식을 매수 혹은 매도한 날은 그 이유와 근거를 적어놓곤 한다. 어느 정도 밸류와 시총일 때 주식을 매도하고, 자신의 목표 매도가와 수준은 얼마인지를 원칙으로 삼고 투자에 나서는 걸 권한다.

초보 투자자라면
기억해야 될 것

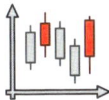

주식시장은 하루하루 색깔이 바뀌는 곳이다. 어떤 날은 반도체 관련 종목들이 상승을 하고, 어떤 날은 원전 관련 종목들이 상승하기도 한다. 초보 투자자들이라면 이런 기업들을 모두 사고 싶을 것이다. 매력적으로 보이는 주식을 모두 사다 보면 어느 순간 투자한 종목이 10개, 20개, 30개로 늘어나 자신조차 감당하지 못하는 수준에 이르게 된다.

5개면 충분하다

개인적인 경험을 말하자면 2022년 하락장, 주식투자를 처음 시작했던 그날 매력적인 종목들을 마구 사들인 적이 있었다. 어떤 날은 이차전지 종목이 불상승을 하면 그 종목을 담고, 태양광 주식 붐이 불면 이를 따라가며 포트에 종목을 담는 걸 여러 번 반복했다.

그러다가 어느 날 주식계좌를 보니 투자한 종목이 15개가 넘어갔고, 합산 수익률은 예적금에 넣어 놓는 것보다 못한 숫자가 찍혀 있었다. 이 종목들을 팔려고 보니 어떤 종목들은 큰 수익을 봐서 팔기 아깝고, 어떤 종목들은 하락폭이 커 버텨야 된다는 생각이 들었다. 그러다 매도 타이밍을 못 잡고 고민만 했었고, 그 와중에 손실폭은 더욱 커졌다. 결국 큰 마음을 먹고 모든 종목을 전부 매도했고, 그 이후부터는 내가 관리할 수 있는 수준의 종목만 투자하기로 결심했다.

초보 투자자라면 아마 이 루트를 따라갈 가능성이 많다. 이런 불상사를 방지하기 위해선 한 개의 투자 종목을 고를 때도 매우 신중해야 하며, 투자 종목 수를 최대한 압축하는 게 중요하다. 이제 막 투자에 발을 뗀 투자자라면 투자 종목이 5개를 넘기지 않는 게 좋다. 그래야 포트폴리오 관리도 편하기 때문이다. 5개 이상 여러 종목에 투자하는 건 자신의 실력을 키우고 나서부터 해도 늦지 않다.

처음 1~2개 기업에 투자를 시작하더라도 그 종목의 분기 실적과 공시 등 세세한 정보를 파악하는 게 쉽지 않다고 느낄 것이다. 앞서 말했던 것처럼 산업 내 1등 종목에 투자한다면 그 1등 종목을 찾아 거기에만 집중 투자하는 방법이 있고, 1등이 될 우량 종목을 발굴해 투자에 나서는 방법도 있으니 초보 투자자일 때 여러 시도를 해보자. 시드머니가 커진 후에 실수하면 그땐 복구하기가 정말 어려울 수 있다.

　자신이 가장 잘 아는 기업, 그리고 공부가 충분히 된 종목에 투자하는 게 제일 바람직한 투자 방법이라는 걸 항상 명심해야 한다. 너무 큰 욕심으로 추세 추종에 급급한 나머지 원칙과 기준을 잃어버리고 투자한다면 그저 그런 투자로 끝날 가능성이 높아질 것이다. 이 책을 읽는 독자들은 똑똑하게 투자하며 필자와 같은 우를 범하질 않길 바란다.

기업의 모든 면 파악하기

　한 기업에 투자하기로 마음먹었다면 그 기업의 A to Z를 모두 파악하는 게 중요하다. 기업이 언제 설립됐는지, 무슨 목적으로 사업을 전개했는지, 현재 최대주주와 지배구조는 어떻게 돼 있는지, 해외 진출 현황을 어떻게 돼 있는지 등 세부적인 걸 알고 있어야만 제대로 된 투자가 된다.

　이 정보들은 뉴스 기사를 통해 알 수 있지만 그건 새발의 피 수준이다. 공시를 봐야만 이 모든 것들을 파악할 수 있다. 괜히 책의 한 부분을 할애해서 공시를 자세하게 설명한 것이 아니다. 공시를 통해 투자 대상으로 삼은 기업을 먼저 익혀야 한다. 또한 그 기업의 전체 역사와 경영 맥락을 파악할 수 있는 수많은 자료들을 채집해서 살펴봐야 한다. CEO에 대한 간행물도 좋고, 회사 홈페이지에 있는 연혁과 사업 내용을 살펴봐도 괜찮다. 성장성을 가늠해봐야 하기 때문에 고단한 일이지만 기업의 모든 것을 알아보는 게 먼저 필요하다. 그런 작업들이 선행된 이후에 그 기업에 관련된 최신 뉴스 기사, 증권사 애널리스트 리포트를 보는 게 좋다.

개인적인 사례를 들어보자면 과거 2010년대 K뷰티 붐을 일으켰던 LG생활건강 주식은 주당 100만 원을 넘어서 '황후의 주식'으로 불렸다. 2001년 LG화학에서 분리된 생활 소비재 기업으로 2005년 차석용 전 대표가 사장으로 취임하면서 회사의 체질이 완전히 바뀌게 된다. 중국 VIP 고객들을 대상으로 한방과 궁중 이미지 마케팅을 진행해 '더 히스토리 오브 후'를 럭셔리 화장품 브랜드로 각인시키면서, 유통 인프라를 개선했다. 또 화장품 기업을 공격적으로 인수하면서 몸집을 키워가고 있었다.

이런 저력이 있는 기업이기에 주식투자를 처음 시작할 때 LG생활건강에 투자할까 생각을 했었다. 하지만 막상 공시와 사업보고서를 뜯어보니 LG생활건강의 이익이 꺾이는 게 보였다. 연간 매출액은 2021년을 기점으로 하락했고, 영업이익은 더 큰 폭으로 줄어들었다. 미친 성장을 보여줬기에 시장에서 높은 PER을 부여받았지만 점점 하락하기 시작했다. 그간 LG생활건강을 뒷받침해주던 중국이 경기 침체 국면에 돌입했고 자국 브랜드들도 성장하면서 점점 외면받는 상황이었다. 이는 LG생활건강의 공시에 고스란히 녹아 있었다. 결국 공시를 분석해서 얻어낸 정보로 투자 대상 후보군에서 LG생활건강을 지우게 됐다.

또 이 기업이 향후 시장의 게임 체인저(산업의 판도를 바꾸는 주도자)가 될 수 있는지 예측해봐야 하는데, 이를 위해선 주식시장에서 벗어나 직접 발로 뛰어야 한다. 즉, 음식료 기업에 투자한다면 실제로 투자하는 기업의 음식도 한번 먹어봐야 하고, 피부미용 기업에 투자한다면 직접 피부과에 가서 시술을 받아보고 그 효과가 어떤지 알아봐야 한다. 취재 현장에서 만난 한 펀드매니저는 파마리서치에 초기 투자할 때 직접 리쥬란 시술을 맞아보고 명동, 강남 등 피부과에 리쥬란을 맞으러 온 외국인 손님들이 얼마나 많은지 직접 찾아가보며 파악했다고 한다. 결국 투자자는 숫자로 기업을 판단할 수 있지만 실제 그 기업의 상품이나 기술력이 어떤지 몸소 알아보는 것이 필요하다.

적립식 VS 바닥 잡기 매수, 뭐가 좋을까?

바닥으로 떨어졌다가 V자로 반등한 주가 그래프를 보면 이런 생각이 들 것이다. '아, 저 바닥에서 샀었으면 지금쯤 큰 돈을 벌었을 텐데' 사실 지금도 주가 그래프를 보며 그런 생각을 할 때가 많다. 바닥 매수, 고점 매도를 희망하는 건 투자자의 본능이니 어쩔 수 없는 것 같다.

하지만 이렇게 바닥 잡기 매수가 쉬울까? 절대 그렇지 않다. 시장과 업황이 나빠질 대로 나빠진 경우 주가가 바닥을 잡는 모습이 나오지만 이를 분석하기가 만만치 않기 때문이다. 주식시장의 상승과 하락 사이클을 몇 번 겪어보고, 올바른 투자를 이어나가는 초고수 투자자라면 어느 정도 시장 안팎이 주는 시그널들을 읽어내며 바닥을 가늠할 수 있겠으나, 대부분은 이를 예측하기 매우 어렵다. 괜히 '바닥 밑에 지하실이 있었네'라는 말이 나온 게 아니다.

초보 투자자라면 꼭 적립식으로 매수하는 걸 추천한다. 적립식 매수를 하면 매매할 때 발생하는 크고 작은 실수를 줄이면서 장기적인 복리 효과를 톡톡히 누릴 수 있다. 저점을 기다린다는 건 결국 그 기간 동안의 복리 효과 발생 기회를 놓친다는 것으로, 오히려 꾸준히 자신이 정한 날에 일정 금액으로 투자하는 게 더 낫다. S&P500 지수를 매월 적립식으로 매수했다면 장기적으로 연평균 수익률이 9~10%에 근접할 가능성이 매우 높다.

또한 적립식 매수를 하면 감정적인 매매를 할 가능성이 적어진다. 초보 투자자라면 이 감정 매매를 주의할 필요가 있는데, 적립식으로 주식을 매수한다면 여러 노이즈로부터 흔들리지 않을 수가 있다. 장기 투자에는 여러 방해물이 등장한다. 적립식 매수를 한다면 이를 물리치고 자산 증식의 꿈을 남들보다 더 쉽게 이뤄갈 수 있을 것이다.

빚투, 레버리지는 하지 말자

초보 투자자가 절대 하지 말아야 할 것들이 있다. 바로 '빚투'와 '레버리지' 투자다. 통상 대부분의 주식이 오르는 강세장에서는 욕심이 나 빚으로 투자하는 경우가 있지만, 초보 투자자라면 절대 금물이다.

빚투를 위해 투자자는 주로 증권사에서 돈을 빌리고, 주식을 산다. 하지만 그 주식이 일정 수준 이하로 하락하거나 미수거래 대금을 납입하지 못할 때, 증권사는 강제로 주식을 매도하게 된다. 이를 반대매매라고 부른다. 반대매매가 발생하면 투자자는 추가 손실을 입을 가능성이 매우 높아진다. 그리고 이 반대매매 물량이 시장에 쏟아지면 주가 하락이 가속화되는 악순환이 발생해 큰 충격을 줄 수 있다. 따라서 초보 투자자라면 빚을 내서 투자하지 않아야 하며, 빚투가 많은 종목들에 대해서도 주의를 기울여 투자에 나설 필요가 있다.

또 하나 하지 말아야 할 것은 바로 레버리지 투자다. 주요 지수 혹은 한 종목의 수익률 2배를 추종하는 레버리지 상품들이 많은데, 초보 투자자라면 이 상품 투자를 피하는 게 좋다. 주가가 상승할 때는 2배의 수익률을 내므로 짜릿한 성공을 맛볼 수 있다. 하지만 주가가 하락하거나 횡보할 때 큰 문제가 생긴다. 하락할 땐 2배 하락하므로 손실폭이 커진다.

횡보장에서도 손실폭이 커지는데, 예를 들어 주가가 1% 하락하고 난 후 다시 올라오려면 1%보다 더 높은 수익률을 기록해야 한다. 횡보장에선 이런 일들이 반복되기 때문에 결국 시간이 지나면 지날수록 레버리지 상품들의 손실폭이 커진다. 주가를 거꾸로 2배 타는 '곱버스' 상품 역시 마찬가지 이유로 손실폭이 커질 수 있다.

이런 손실을 감내하기 힘든 투자자들이라면 애초에 레버리지 상품에 손을 대지 않는 게 좋다. 레버리지 투자에 중독된다면 일부 성공한 투자 사례에서 나오는 도파민에 절여져 더 높은 수익률을 추구하는 상품들만 좇을 가능성이 높다. 하지만 계속 불안한 투자를 이어갈 수밖에 없으므로 장기적인 자산 증식을 이루기는 힘들 것이다.

다양한 투자정보
활용하기

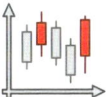

투자를 하려면 다양한 투자정보를 활용해야 한다. 그중 가장 먼저 살펴봐야 할 것이 바로 공시지만, 앞서 공시를 살펴보는 다양한 방법과 그 중요성은 설명을 했으니 이 부분은 다른 투자정보와 관련해 더 알아보도록 하겠다.

도움이 되는 통계 사이트와 친해지기

주식에 투자하려면 전자공시 외 다양한 사이트들을 활용할 줄 알아야 한다. AI가 발달해 공시를 바탕으로 기업분석을 알아서 해주지만, 밝혀진 정보의 이면에 숨긴 뜻까지 찾아내기엔 아직 무리가 있다. 결국 투자자 스스로가 이곳저곳을 살펴보며 다양한 투자 정보를 얻어야 한다.

인베스팅닷컴

먼저 전 세계 주식시장 정보를 확인할 수 있는 인베스팅닷컴 (Investing.com)이 있다. 주식, 선물, 원자재, 외환, 지수, 경제 지표 등 다양한 금융정보에 대한 실시간 시세를 무료로 확인할 수 있다 는 게 특징이다. 거기에 관련된 국내외 뉴스와 분석 글까지 제공을 해서 투자자들이 간편하게 시장 동향 파악을 할 수 있다. PC와 태블릿, 모바일 애플리케이션 등에서 모두 이용할 수 있어 편리하다.

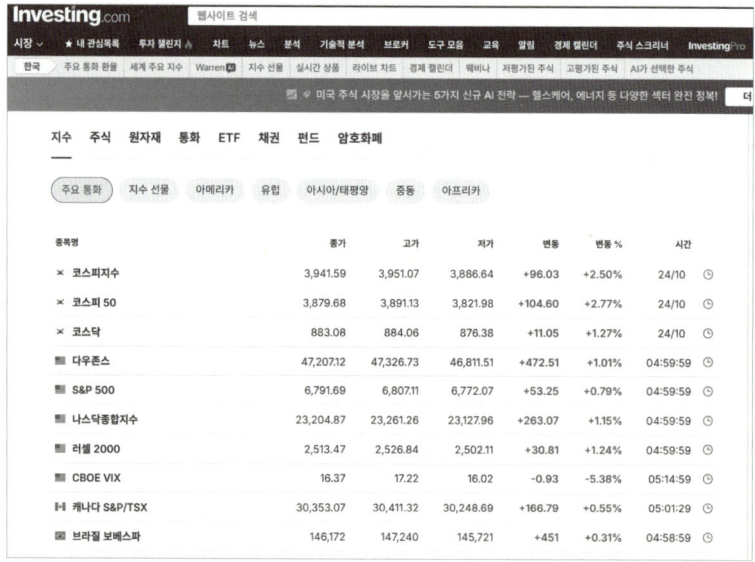

인베스팅닷컴 홈페이지 화면

다만 기업들의 세세한 실적과 재무정보 등 일부 기능은 유료로 제공된다. 인베스팅닷컴을 활용하면 편하게 국내외 주식 시세와 투자정보를 확인할 수 있으므로 한 번 이용해보길 바란다.

어닝위스퍼

미국 기업들의 실적 발표를 놓치지 않으려면 '어닝위스퍼 (earningswhispers.com)' 사이트를 활용하는 게 좋다. 해외 기업들의 실적 발표 일정을 일일이 확인할 필요가 없도록 이를 한 곳에 모아 놓았다. 특히 어닝위스퍼 X(구 트위터)에서는 그 주 실적 발표 일정을 정리해서 올려놓으니 X 애플리케이션이 있다면 자주 확인해보는 것도 좋다.

이 외에도 미국의 금리를 결정짓는 FOMC에서 어떤 얘기들이 나왔는지 살펴보려면 FOMC 회의록이 있는 사이트를, 금리 흐름이나 장단기 금리차 등을 확인해보려면 세인트루이스 연방준비은행 경제 통계 사이트 FRED(fred.stlouisfed.org)를 이용해보는 것도 좋다.

한국무역통계정보포털 TRASS

대부분 각광받는 국내 기업들은 제품과 서비스를 해외로 수출한다. 수출량과 수출액에 따라서 기업들의 실적이 바뀌는데, 이러한 무역통계를 종합적으로 살펴볼 수 있는 곳도 있다. 바로 한국무역통계정보포털인 TRASS다.

TRASS는 한국무역통계진흥원(KTSPI)에서 운영하는 데이터 기반 무역 분석 플랫폼으로 수출입, 화물 통계 등을 확인해볼 수 있다.

'수출입통계-상세조회'에 들어가면 몇 가지 항목을 선택해 특정지역에 특정 제품이 얼마나 수출 혹은 수입되는지를 알 수 있는데, 이를 이용하면 그 지역에 공장을 둔 기업들의 제품이 얼마나 수출되는지를 가늠해볼 수 있다.

한국거래소 정보데이터시스템

국내 증시와 관련된 다양한 통계 정보를 확인하려면 한국거래소 정보데이터시스템(data.krx.co.kr)을 이용하는 것이 좋다. 이 사이트에선 상장 주식부터 지수, 증권상품, 파생상품 등에 이르는 다양한 금융상품들에 대한 통계정보를 제공하고 있다. 상장주식 전 종목 시세에서부터 ETF, ETN, ELW 등 증권상품의 세세한 정보와 석유, 금, 탄소배출권 등의 시세 및 거래실적 등을 한눈에 살펴볼 수 있다.

한국예탁결제원 세이브로

한국예탁결제원이 제공하는 증권정보포털인 세이브로(seibro.or.kr)에서는 ABS, MBS 등 유동화증권과 국내 투자자들의 해외 주식 거래 규모 등을 확인해볼 수 있어 함께 살펴보는 것도 좋다.

증권사 리포트 제대로 이용하기

투자 상품에 대해 좀 더 깊고 분석적인 내용을 보고 싶다면 증권사에서 나오는 분석 보고서, 즉 리포트를 참고해보면 된다. 국내외 증권사에서는 매일 시황, 개별 종목 등과 관련된 리포트들이 나온다. 국내에만 증권사가 20여 개가 되니 하루에 발간되는 리포트는 수십개가 넘는다. 이를 모두 살펴볼 수 없는 법. 증권사 리포트를 제대로 가성비 있게 활용하는 게 좋다.

일단 증권사 리포트를 확인할 수 있는 곳은 다양한데, 금융정보업체 에프앤가이드에서 운영하는 와이즈리포트(wisereport.co.kr) 사이트를 이용하는 게 가장 좋다. 와이즈리포트에서는 신규 리포트와 함께 리포트 발간 증권사, 애널리스트 이름 등으로 분류 및 검색할 수 있도록 인터페이스를 잘 갖추고 있다. 아울러 개별 기업들에 대한 다양한 재무정보와 투자지표, 업종분석, 최근 리포트 등에 대한 정보를 한눈에 확인할 수 있어 여러모로 편리하다.

와이즈리포트에서 자신이 투자하는 기업에 대한 리포트 3개년치는 모두 살펴보는 게 좋다. 초보 투자자라면 그 기업에 대한 세세한 정보가 들어있는 리포트부터 읽기를 추천하며, 주로 새로운 섹터를 분석하기 위해 처음 내는 '이니셜 리포트(Initial Report)'가 유용할 것이다. 주로 줄여서 '이닛 리포트'라고 부른다. 이닛 리포트에는 그 기업에 대한 히스토리와 매출 분석 등 다양한 내용들이 담겨 있어 초보 투자자들에겐 값진 자료가 될 수 있다.

기업분석 리포트의 경우 밸류에이션 근거, 실적, 투자지표, 목표주가, 투자의견 등의 정보들이 나열돼 있는데, 이 또한 선별해서 볼 필요가 있다. 목표주가, 투자의견 등은 맨 나중에 보고 밸류에이션 근거를 찾는 데에 집중해야 한다. 즉, 숫자로 표현된 기업 실적을 바탕으로 어떤 근거로 현재 주가가 산정됐는지를 따져봐야 그 기업이 고평가인지, 저평가인지 명확하게 알 수 있다.

보통 한 종목에 대한 증권사 리포트가 적게는 3~4개, 많게는 10개 이상 나오는데 거기서 공통적인 내용들을 추려서 파악할 필요가 있다. 그래야만 조금 더 그 기업에 대한 분석을 객관적으로 볼 수 있기 때문이다.

아울러 리포트를 쭉 살펴보면서 애널리스트들의 시각 변화가 나타나는 지점을 감지하는 게 중요하다. 대부분 희망적인(?) 내용들이 써 있지만 가끔은 냉철하게 현실을 판단해 이전 투자 분석 내용과 다른 의견을 내는 리포트가 등장할 때가 있다. 이러한 평균 밖의 리포트는 시장의 변동성에 영향을 주기 때문에, 면밀하게 살펴볼 필요가 있다. 이들의 시각변화가 유의미한 것인지, 그리고 향후 기업 실적과 주가가 얼마만큼 바뀔 것인지를 잘 따져봐야 한다.

메리츠증권의 이진우 리서치센터장은 증권사 리포트를 통해 애널리스트를 분석하고 기업 실적의 좋고 나쁨을 가늠할 수 있다고 했다. 그는 첫째 이익 추정의 트렌드를 잡기 위해 분기와 연간 실적의 변화를 파악하고, 둘째 이중 실적 전망이 선반영, 미반영된 기업을 구분하고, 셋째 실적 추정치 내 아웃라이어(outlier, 통계에서 벗어난 특이한 값)가 발생하고 있는지 체크하라고 조언했다. 이렇듯 증권사 리포트를 잘 읽어보면서 애널리스트들의 명쾌한 분석뿐 아니라 행간에 숨겨진 향후 실적과 주가 전망에 대해서도 파악해봐야 할 것이다.

나만의 포트폴리오
만들기

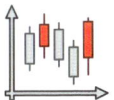

지금까지 주식과 ETF에 대한 기본 지식을 익혔다. 그런데 여기서 '과연 내 자산 포트폴리오를 어떻게 구성할 것인가'에 대한 의문이 들 것이다. 내 자산의 100%를 국내 주식에 투자하는 게 맞는지, 일부를 예적금에 넣고 해외 주식에 투자하는 게 좋을지, 현금, 주식, 채권, 원자재, 리츠 등 여러 개로 분산하는 게 좋을지 고민되기 마련이다.

좋은 포트폴리오는 어떻게 구성될까?

이에 대한 답을 쉽사리 내리기는 어렵지만 확실한 것은 '몰빵'

투자는 지양해야 한다는 것이다. 현금, 예적금, 주식, 채권, 부동산 등 어느 한 자산에 몰빵하면 그만큼 비효율적인 건 없다. 투자를 두려워해 오로지 현금으로 들고 있는다면 인플레이션으로 인한 화폐가치 하락으로 결국 돈을 잃게 될 것이다. 주식을 자신의 포트폴리오에 100%로 채운다면 그만큼 원금 손실이 발생했을 때 고통을 감내해야 한다.

따라서 똑똑하고 현명한 투자자라면 다양한 자산에 분산 투자를 하는 게 좋다. 일부 자산은 현금으로, 일부 자산은 주식으로, 일부 자산은 채권으로, 일부 자산은 부동산으로 나눠 놓는 게 좋다. 그래야만 안정적으로 자산을 증식할 수 있고, 리스크를 줄일 수 있다.

또한 포트폴리오를 관리할 때 유연성을 발휘할 필요가 있다. 예를 들어, 금리가 올라가는 국면에선 주식 비중을 줄이고 채권 비중을 높이는 게 좋고, 금리가 내려가는 국면에선 주식 비중을 높이고 채권 비중을 낮추는 게 좋다. 즉, 처음 짠 포트폴리오 구성대로 평생 가져가는 게 아니라 시장 상황과 자신의 자금여력, 재정상황 등에 맞춰서 일정 부분 변화를 줄 필요가 있다는 소리다.

가치 투자의 아버지라 불리는 벤저민 그레이엄은 기본적으로 포트폴리오를 우량주와 채권으로 나눠 투자하라고 조언했다. 주식과 채권 비중이 50대 50이라면 시장 상황에 따라서 25대 75에서 75대 25로 조절해야 한다고 했다. 약세장에선 주식 비중을 줄이고, 강세장에선 주식 비중을 늘리는 방어적 투자가 현명하다고 했다. 워런 버핏도 시장의 기회가 올 걸 대비해 현금 비중을 늘리는 모습을 자주 보였다.

포트폴리오 구성 예시

　개개인의 자산 증식에 대한 목표, 투자 기간 등에 따라 포트폴리오의 구성이 달라진다. 아래 제시하는 포트폴리오 구성 예시들은 참고하되, 본인의 상황에 맞게 변형해 포트폴리오를 구성하길 바란다. 이 예시들은 이제 막 투자를 시작한 사람들을 위해 구성한 것이기에 현금 비중을 상대적으로 높게 설정했으니 이 점을 참고하길 바란다. 또한 채권, 원자재 등의 자산들은 직접 투자하는 것보다 앞에서 살펴본 ETF를 통해 투자한다는 걸 전제로 했다.

안정형 투자 추천 포트폴리오

　먼저 어느 정도의 수익을 내면서 안정적인 투자를 바라는 사람들은 주식(국내+해외) 40%, 현금 혹은 예적금 30%, 채권 ETF 혹은 배당형 상품 20%, 금, 은 등 대체자산 10%로 가져가는 게 좋다. 조금 더 세세하게 하자면 40% 비중의 주식을 개별종목으로만 채우는 게 아니고 ETF를 섞어서 투자하는 게 좋다. 개별 종목을 절반, 그리고 ETF 비중을 절반으로 구성하는 걸 기준으로 삼고 시장 상황에 따라 늘리고 줄이고를 선택하자.

　여기서 개별 종목을 어떤 걸 편입해야 할지는 개인 선택

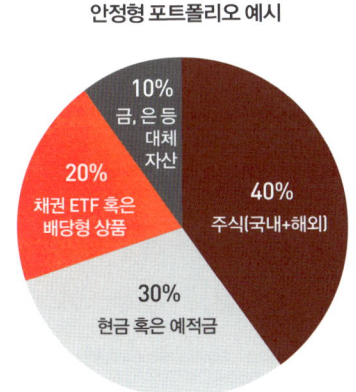

안정형 포트폴리오 예시

10% 금, 은 등 대체 자산
20% 채권 ETF 혹은 배당형 상품
40% 주식(국내+해외)
30% 현금 혹은 예적금

이지만 이제 막 사회생활을 시작한 사회초년생 혹은 20~30대 투자자의 경우 우량 기술주, 성장주의 비중을 높이는 게 좋다. 이때는 적은 돈으로 여러가지 투자 경험을 쌓아갈 수 있기에 우량 기술주와 성장주를 중심으로 포트폴리오를 채워나가면 기대수익률을 더 높일 수 있을 것이다.

공격형 투자 추천 포트폴리오

공격적으로 자산을 불려가고 싶은 투자자자들은 주식(국내+해외) 50%, 채권 ETF 혹은 배당형 상품 20%, 현금 혹은 예적금 20%, 금, 은 등 대체자산 10%로 가져가는 게 좋다. 주식 비중을 조금 늘리고 예적금 비중을 줄이는 건데, 이때도 주의할 게 있

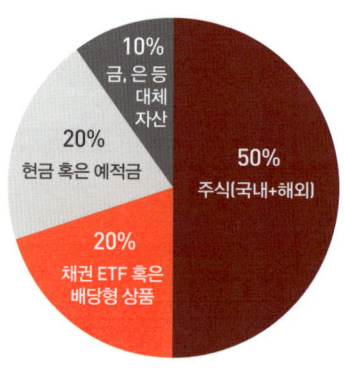

공격형 포트폴리오 예시

다. 분산 투자하되, 너무 많은 종목을 편입하면 안 된다. 리스크를 헤지하기 위해 너무 많은 종목에 투자하면 오히려 안정형 포트폴리오보다 못한 수익률을 낼 수 있으므로 자신이 잘 알고 있는 몇몇 주식에만 집중 투자하는 게 현명한 선택이 될 것이다.

보수적 투자 추천 포트폴리오

반대로 보수적으로 자산을 불려가고 싶은 투자자들은 주식(국내+해외) 25%, 채권 ETF 혹은 배당형 상품 35%, 현금 혹은 예적

금 30%, 금, 은 등 대체자산 10%로 가져가는 게 좋다. 이때 주식 부문의 편입 종목들은 S&P500 혹은 나스닥종합지수 등 주요 지수를 추종하는 패시브 ETF 상품으로 구성하는 걸 고려하는 게 좋다. 패시브 ETF 상품의 경우 시장수익률을 추종하기에 돈을 잃지

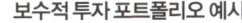

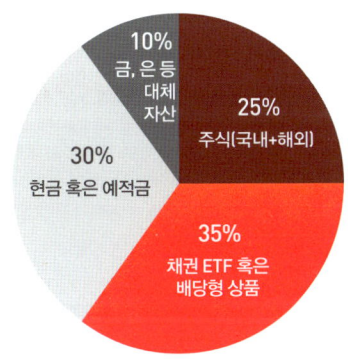

보수적 투자 포트폴리오 예시

10%
금, 은 등 대체자산

25%
주식(국내+해외)

30%
현금 혹은 예적금

35%
채권 ETF 혹은 배당형 상품

않고 장기적으로 투자를 이어나갈 수 있기 때문이다.

이 포트폴리오 예시들은 어디까지나 기본 틀로 참고하는 게 좋다. 자신의 상황에 따라서 주식이나 채권, 혹은 대체자산의 비중을 바꿔야 한다. 현금 혹은 예적금도 필요한데, 이외에 원리금을 보장해주는 상품이 있다면 그것도 좋은 선택지 중 하나가 될 수 있다.

장투+절세 효과 누리려면
ISA, IRP는 필수

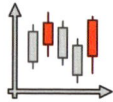

    장기 투자와 절세 효과를 누리려면 ISA 계좌를 활용할 필요가 있다. ISA 계좌는 개인종합자산관리계좌로 하나의 계좌에 예적금, 펀드, 주식, ELS 등 다양한 금융상품을 담아 운용할 수 있는 만능통장이다. 국민들의 자신 증식을 돕고 자본시장 활성화를 위해 2016년 3월 국내에 도입됐는데, 현재도 ISA를 쓰는 투자자들이 늘고 있다.

ISA 계좌란 무엇인가?

ISA는 가입일 혹은 연장일 기준으로 만 19세 이상 만 15세~19

ISA 계좌 유형 비교

구분	대상	비과세 한도	의무 가입 기간
일반형	만 19세 이상 거주자	200만 원	
	직전 연도 근로소득이 있는 만 15~18세 거주자		
서민형	직전 연도 근로소득 5,000만 원 이하, 종합소득 3,800만 원 이하 거주자	400만 원	3년
농어민	종합소득 3,800만 원 이하 농어민 거주자		

세 미만인 자로서 직전 과세기간에 근로소득이 있는 국내 거주자가 가입할 수 있다. ISA는 크게 일반형, 서민형, 농어민형으로 나뉘는데 서민형은 직전 연도 근로소득이 5,000만 원 이하, 종합소득이 3,800만 원 이하인 사람이 가입할 수 있다. 농어민형은 종합소득이 3,800만 원 이하인 농어민 거주자가 가입할 수 있다. ISA 계좌의 의무 가입 기간은 3년이다.

ISA를 쓰면 다양한 혜택이 있는데 먼저 세제 혜택이다. ISA 계좌를 하나로 보기 때문에 그 안에 들어있는 여러 금융상품의 이익과 손실을 합산한 것을 기준으로 과세를 한다. 예를 들어, ISA 계좌에 있는 A ETF에서 수익이 200만 원 발생했고, B ELS(주가연계증권)에서 100만 원의 손실이 발생했다면, 순이익 100만 원에 대해서만 과세가 된다. 이를 손익통산(損益通算)이라고 한다. 따라서 저금리 시대엔 보다 높은 수익을 얻기 위한 다양한 금융상품 선택에 따른 부담이 낮아질 수 있다.

아울러 순이익에 대해 비과세 혜택이 적용될 뿐 아니라 초과분에 대해선 저율 분리과세 혜택이 적용된다. 비과세 한도는 일반형

200만 원, 서민형 및 농어민형은 400만 원이다. 초과 순이익에 대해선 9.9%의 낮은 세율이 적용된다. ISA 계좌는 세제 혜택을 받기 위해선 최소 3년 이상 유지해야 한다. 연간 2,000만 원, 총 1억 원까지 납입 가능하다.

ISA 계좌는 운용 방식에 따라 3가지(중개형, 신탁형, 일임형)로 나뉜다. 중개형 ISA 계좌는 투자자 본인이 직접 운용하며 국내 상장 주식에 직접 투자가 가능하다. ETF, 펀드, 채권 등도 편입할 수 있으며 납입 원금 내에선 중도 인출이 가능하다.

신탁형 ISA 계좌도 투자자가 직접 운용하는데 국내 주식 직접 투자가 불가한 대신 예적금, 펀드, ETF, ELS 등의 상품 등을 편입할 수 있다. 원금 보장형 상품을 편입할 수 있어 안정적인 투자를 이어가는 투자자들에게 제격이다. 일임형 ISA 계좌는 금융사가 투자자의 자산을 대신 운용해주는 것으로 직접 투자 경험이 부족한 투자자들이 주로 선호한다. 금융사가 제시하는 포트폴리오 상품을 편입하고, 알아서 상품들을 운용해준다.

퇴직연금 활용해 자산 굴리기

똑똑한 투자를 통해 든든한 노후를 보내기 위해서는 퇴직연금을 적극적으로 활용하는 게 좋다. 과거엔 저축으로만 퇴직연금을 마련했지만 가입자가 직접 상품을 운용해 플러스 알파의 수익을 낼 수 있게 됐다.

퇴직연금은 DB형, DC형, IRP 등으로 구분되는데, DB형은 회사가 적립금 운용을 책임지는 형태로 평균 임금과 근속연수에 따라 퇴직 시 수령액이 어느 정도 확정돼 있다. DC형은 가입자가 직접 운용 상품을 선택하고 운용하는 제도로 회사 부담금과 운용 수익에 따라 최종 퇴직 급여액이 결정된다. IRP는 노후자금을 적립하고 운용하기 위해 추가로 개설하는 계좌로 개인 명의로 된 퇴직연금 계좌라고 보면 된다.

가입자가 직접 운용하는 DC형과 IRP의 경우 ETF, 펀드와 같은 배당형 상품들을 다수 편입할 수 있다. 근로자들의 근속연수가 늘어나고 부담금이 증가하는 덕분에 DC형, IRP 퇴직연금 규모는 점점 늘어나고 있다. 퇴직연금은 근로소득과 달리 분류과세 대상이다. 퇴직 후 퇴직금을 IRP로 옮겨 연금 형태로 받으면 퇴직소득세의 30~40%를 추가로 절세할 수 있어 유리한 구조를 갖고 있다. 즉, 퇴직연금을 활용해 자금을 운용하면 과세 이연 효과를 통해 장기적으로 더 큰 수익을 낼 수 있다는 소리다.

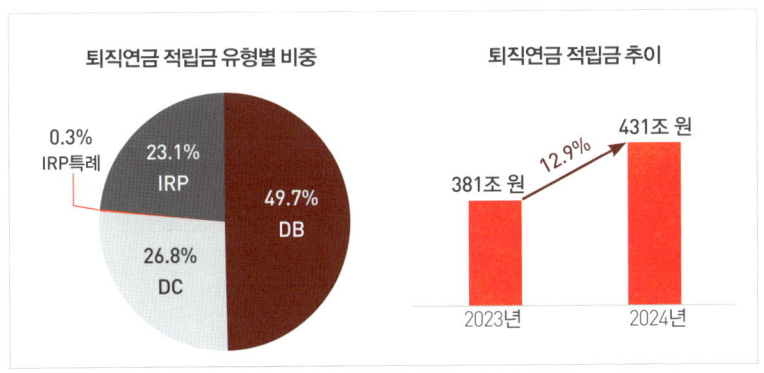

퇴직연금 적립금 유형별 비중

- 0.3% IRP특례
- 23.1% IRP
- 49.7% DB
- 26.8% DC

퇴직연금 적립금 추이

- 381조 원 (2023년)
- 431조 원 (2024년)
- 12.9%

출처: 국가데이터처

특히 IRP의 절세 혜택은 상당히 크다. IRP에 추가로 납입하는 금액에 대해선 연말정산 시 세액공제를 받을 수 있다. 연금저축 계좌와 IRP를 합산해 연간 최대 900만 원까지 세액공제 대상이 되며, ISA 만기자금을 IRP에 넣는다면 전환금액의 10%를 추가로 세액공제를 받을 수 있다.

아울러 IRP에서 운용한 배당, 이자 등의 투자 수익은 인출 시점까지 과세가 미뤄지는, 이른바 과세 이연 효과가 적용된다. 배당과 이자를 재투자할 경우 복리 효과를 극대화시킬 수 있으며, 퇴직금을 수령할 때가 오면 저율 분리과세 혜택도 받는다. IRP 계좌를 통해 운용한 자금은 만 55세 이후 연금 형태로 수령 가능하다. 이때 3.3~5.5%의 낮은 세율이 적용되는데, 금융소득세(15.4%), 기타소득세(16.5%)와 비교했을 때 매우 낮은 세율이다.

따라서 똑똑한 투자자라면 적어도 IRP 계좌를 개설해 미리 노후를 대비하는 게 좋다. 다만 만 55세 미만에 IRP 계좌를 중도 해지하거나 다른 방식으로 인출할 경우 기타소득세가 부과돼 세제상 불이익이 발생할 수 있다. IRP 계좌를 개설하기에 앞서 자신의 소득 수준에서 얼마만큼의 금액을 IRP에 주기적으로 넣고 굴릴 것인지에 대한 계획을 미리 짜놓는 게 필수적이다.

이 책을 기획할 때만 하더라도 국내 주식시장이 크게 주목받지 못했다. 미국 증시가 유례없는 상승가도를 달리는 동안 코스피는 만년 저평가의 늪에 빠져 제자리걸음만 반복했다. 하지만 이젠 상황이 달라졌다. 국내외 투자자들의 마음이 움직이기 시작했다. 해외 큰손들은 국내 우량 기업들의 주식을 대거 사들였고, 부동산에 묶여 있던 국내 자금 역시 주식시장으로 빠르게 유입되고 있다.

거대한 머니 무브가 계속되자 비로소 우리 기업들이 그 가치에 걸맞은 정당한 대우를 받기 시작했다. 국내 증시의 펀더멘털이 바뀌는 모습을 보고 주식투자에 뛰어든 사람들이 많을 것이다. 여의도 증권가엔 "강세장에서 투자를 시작한 사람들은 꽤나 도전적이고 낙관적인 투자자로 성장한다"는 속설이 있는데, 취재를 하며 여러 사람들을 만나보니 결코 틀린 말은 아니었으니 말이다.

주의할 점도 분명 있다. 국내 증시의 상승폭이 커지고 시장의 주목도가 높은 만큼 변동성 또한 확대됐다. 예기치 못한 악재가 나왔을 때 하락폭이 더 가팔라질 수 있다는 뜻이다. 처음 투자를 시작했다면 실수도 많이 할 것이다. 포모에 빠져서 고점에 주식을 산 초보 투자자가 단 하루만에 주식이 -20% 급락하는 걸 경험한다면 큰 충격에 빠질 수 있다. 갑자기 세상이 노랗게 보이고 '내가 왜 이런 실수를 했지'라며 자책할 수도 있다.

또 지금처럼 주식시장이 매년 강세장의 모습을 보일 것이라 장담할 수 없다. 당장 2025년 상반기까지만 해도 코스피 지수가 2,200~2,300선까지 내려가 '이젠 국내 주식시장에 더 이상 희망은 없다'는 비관론이 팽배했으니 말이다. 국내에 국한된 것이 아니다. 미국, 일본, 중국, 홍콩 등 글로벌 증시에 투자할 때도 마찬가지다. 글로벌 빅테크 기업들이 모여 있는 미국 증시가 매년 강세장이었을 것이라 생각할 수 있겠으나 실제로 그렇지 않은 경우가 많았다.

하지만 기본에 충실한 투자자라면 위기 또한 기회라고 볼 것이다. 변동성 또한 반드시 넘어야 할 산이라 여기며, 매순간 리스크 관리에도 심혈을 기울이고 하루하루 좋은 기업을 찾기 위한 여정을 떠날 것이다. 오히려 시장의 출렁임으로 가격이 싸진 우량 기업의 주식들을 보고 남몰래 웃음지을지도 모른다. 결국 시장의 소음이 아닌 기업의 가치와 본질에 집중한 투자자들은 주식시장에서 살아남는 최후의 승자가 될 것이다.

필자도 하락장에서부터 투자를 시작했기에 다른 투자자들보다 좀 더 보수적인 시선에서 주식시장을 바라보는 습관이 들기도 했다. '기본에 충실하자'라는 심정으로 더 좋은 기업을 찾아 공부했다. 남들보다 더 짬을 내서 시장과 기업에 대해 분석을 했고 주기적으로 워런 버핏, 벤저민 그레이엄, 피터 린치 등 투자 대가들의 고전을 읽으면서 마음을 다잡았다. 지금도 실수를 하지만 그간의 경험을 바탕으로 리스크 관리를 철저히 하면서 항상 이전보다 나은 투자 생활을 이어나가고 있다.

이 책을 읽는 순간에도 주식시장은 쉼없이 돌아가고 있다. 시간이 없다는 핑계로 남들이 다 아는 주식, 커뮤니티에 회자되는 유망 주식을 사지 말고 진짜 우량 기업을 찾아보고 투자해보자. 당연히 당장은 좋은 기업을 찾기가 어려울 것이다. 하지만 급하게 생각하지 말자. 시장은 언제 어디서든 누구에게나 기회를 준다. 매년 주도주가 바뀌고 시장의 색깔도 다채롭게 변화하기 때문이다.

따라서 일찍부터 기본기를 차근차근 다져놓고 장기적으로 성장하는 우량 기업을 천천히 찾아내보자. 그 기업이 경제적 해자를 확보하며 웰논(Well-Known) 주식이 된다면 그 보상은 10배, 20배가 될 것이라 믿어 의심치 않는다. 이 책을 읽는 모든 투자자들이 자산 증식의 기쁨을 누리며 진정한 경제적 자유에 도달하길 진심으로 바란다.

최소한의 주식투자

초판 1쇄　2026년 4월 24일

지은이　홍순빈
펴낸이　허연
편집장　유승현

책임편집　이예슬
편집부　정혜재 고병찬 장현송 민경연
마케팅　한동우 박소라 김영관
경영지원　김정희 오나리
디자인　김보현 한사랑

펴낸곳　매경출판㈜
등록　2003년 4월 24일(No. 2-3759)
주소　(04557) 서울시 중구 충무로 2(필동1가) 매일경제 별관 2층 매경출판㈜
홈페이지　mkbook.mk.co.kr　스마트스토어　smartstore.naver.com/mkpublish
페이스북　@maekyungpublishing　인스타그램　@mkpublishing
전화　02)2000-2612(기획편집) 02)2000-2646(마케팅) 02)2000-2606(구입 문의)
팩스　02)2000-2609　이메일　publish@mkpublish.co.kr
인쇄·제본　㈜M-print 031)8071-0961
ISBN　979-11-6484-878-2(03320)